Gregor Loser

Fit für die Berufsbildung

Gregor Loser

Fit für die Berufsbildung

Tipps für Berufsbildungspersonen

im Umgang mit Lernenden

orell füssli Verlag

Der Verlag dankt folgenden Organisationen, Stiftungen und Personen für Ihre grosszügige Unterstützung bei der Erarbeitung und Drucklegung dieses Werkes:

SWISSAVANT, Wirtschaftsverband Handwerk und Haushalt, Wallisellen
Förderstiftung polaris, Wallisellen
Hans Huber Stiftung, Heerbrugg

Christian Fiechter, Heerbrugg
Christoph Rotermund, Wallisellen
Frederik Stucki, Leuk-Stadt
Dr. Ulrich Sturm, Rorschach
Anton Capaul, Chur
Jürg Loser, Altstätten

1. Auflage 2017

© Gregor Loser | denkfit.ch GmbH
www.denkfit.ch
Alle Rechte vorbehalten.

Dieses Werk ist urheberrechtlich geschützt. Dadurch begründete Rechte, insbesondere der Übersetzung, des Nachdrucks, des Vortrags, der Entnahme von Abbildungen und Tabellen, der Funksendung, der Mikroverfilmung oder der Vervielfältigung auf andern Wegen und der Speicherung in Datenverarbeitungsanlagen bleiben, auch bei nur auszugsweisen Verwendung, vorbehalten. Vervielfältigungen des Werkes oder von Teilen des Werkes sind auch im Einzelfall nur in den Grenzen der gesetzlichen Bestimmungen des Urheberrechtsgesetzes in der jeweils geltenden Fassung zulässig. Sie sind grundsätzlich vergütungspflichtig.

Illustrationen: Jürg Kühni, Burgdorf
Lektorat: Ivan Schurte, Schaan
            Frederik Stucki, Leuk-Stadt
            Fabienne Loser, Rüthi
            Alois Loser, Montlingen
            Marion Kranz, Eschen
            Katja Hutter, Staad

Umschlag und Layout: Stephan Cuber, diaphan gestaltung, Liebefeld
Druck: Gebo Druck AG, Birmensdorf ZH

ISBN 978-3-280-04166-6

Bibliografische Informationen der Deutschen Nationalbibliothek: Die Deutsche Nationalbibliothek verzeichnet diese Publikation in der Deutschen Nationalbibliografie; detaillierte bibliografische Daten sind im Internet unter http://dnb.d-nb.de abrufbar.

Lesehinweis

Die sorgfältige Auswahl der Lernenden, der optimale Start in die berufliche Grundbildung sowie die Erfahrungen der ersten 100 Tage sind aus meiner Sicht sehr tragende Elemente einer erfolgreichen Berufsbildung. Auf diese Aspekte konzentriere ich mich im ersten Teil dieses Buches. Dort werden alle Elemente der Rekrutierung aufgezeigt. Je nach Unternehmensgrösse und Priorität können sich Reihenfolge und Anzahl der Personalinstrumente anders zusammensetzen. Es wird vorausgesetzt, dass die Erlaubnis zum Ausbilden vom Amt für Berufsbildung erteilt wurde, dass die Betriebssicherheit für die gesamte Lehrdauer gegeben und eine Arbeitsauslastung für alle beteiligten Personen gewährleistet ist. Erfahrungsberichte in Form von Interviews runden diese Betrachtungen ab.

Ebenfalls sehr tragende und oft unterschätzte Elemente einer erfolgreichen dualen Berufsbildung sind Ihre persönliche Denk- und Lebenshaltung sowie Ihre Vorbildrolle als Berufsbildnerin oder Berufsbildner. Diesen wichtigen Themen widmet sich der zweite Teil dieses Buches.

Überall dort, wo aus Gründen der Lesbarkeit ausschliesslich die männliche Sprachform verwendet wurde, ist die weibliche Form immer auch mit eingeschlossen.

Gregor Loser

Inhaltsverzeichnis

Vorwort 8

Eine der schönsten Aufgaben 11

Teil 1 13

1.1 Rekrutierung von Lernenden 17

1.2 Lehrvertragsunterzeichnung 48

1.3 Zwischen Lehrstellenvergabe und Lehrbeginn 50

1.4 Start in die berufliche Grundbildung 53

1.5 Ihre Berufsbildungs-Planung 63

1.6 Das Qualifikationsverfahren 66

1.7 Zusammenarbeit mit Bildungspartnern 68

1.8 Ihr persönliches Berufsbildungskonzept 94

Teil 2 99

2.1 Tägliches Lernen als Denkhaltung 101

2.2 Meine Standortbestimmung 105

2.3 ICH als Berufsbildungsperson 121

2.4 Wichtige Eigenschaften für Berufsbildungspersonen 125

2.5 Wichtige Tätigkeiten von Berufsbildungspersonen 137

2.6 Meine Motivation 143

2.7 Meine Freude 149

2.8 Meine gute Laune 156

2.9 Alles beginnt bei MIR 163

2.10 ICH und meine Verantwortung 166

2.11 Stressreduktions-Modelle 168

2.12 «Bewusstes Sein» als Grundrezept gegen Stress 170

2.13 Digitale Jugendliche 172
2.14 ICH und meine Vorbildfunktion 174
2.15 Seien Sie sich Ihrer Hüte bewusst 181
2.16 Der «perfekte» Berufsbildner oder die «perfekte» Berufsbildnerin 182
2.17 Machen Sie sich immer wieder ein Bild! 183
2.18 Schaffen Sie Ordnung! 185
2.19 Sind Sie denkfit? 187
2.20 Das LAG-Prinzip 189
2.21 Die fünf «Tages-Prioritäten» 191
2.22 Brillen- oder Blickrichtungs-Wechsel 194
2.23 Von Ihnen zu Ihren Lernenden 196

Anhang 197

Die Förderer dieses Buches 198
Grenzüberschreitende Gedanken 204
Schlusswort 207

Vorwort

Geschätzte Leserin, geschätzter Leser

Mit diesem Buch halten Sie die dritte Veröffentlichung in der Reihe «Fit für...» in den Händen. Im Buch «Fit für die Lehre» sprechen wir die Oberstufenschüler an, um ihnen bei der Berufswahl und Vorbereitung zur Berufslehre behilflich zu sein. «Fit für den Berufsalltag» wendet sich an die Lernenden, die kurz vor dem Abschluss der beruflichen Grundbildung stehen, um sie auf den Übertritt in die Welt der Wirtschaft als ausgebildeter Fachmann oder als ausgebildete Fachfrau vorzubereiten. Mit dieser Ausgabe sprechen wir Sie als Ausbildnerin oder Ausbildner an. Wir möchten Ihnen damit einige Tipps und Anregungen für den Umgang mit den Ihnen anvertrauten Lernenden geben.

Als Ausbildner oder Ausbildnerin tragen Sie eine grosse Verantwortung gegenüber den jungen Menschen. Sie sind ihre erste Bezugsperson beim Übertritt ins Berufsleben. Ihr eigenes Verhalten und Ihr Auftreten prägen die Jugendlichen sehr. Es ist entscheidend dafür, dass der Eintritt ins Berufsleben gelingt.

Sie begleiten die Jugendlichen in einer entscheidenden Phase ihres Lebens. Im Alter zwischen 15 und 20 kommen neben dem Einstieg ins Wirtschaftsleben auch viele neue externe Einflüsse auf die jungen Menschen zu. Körperliche Veränderungen, erste Beziehungen, sportliche Interessen und vieles mehr fordern sie heraus.

In Ihrer Aufgabe müssen Sie deshalb verschiedene Rollen übernehmen. Zuoberst steht natürlich die Vermittlung von Fachwissen im erlernten Beruf. Auf verständliche Weise müssen Sie dieses den Lernenden beibringen. Für Sie selbstverständliche Handgriffe oder Abläufe sind für die Jugendlichen völlig neu. Es braucht also hin und wieder viel Geduld und Nachsicht bei der Wissensvermittlung.

Erschwerend kommt hinzu, dass die Schulabgänger aus einer Art geschützter Werkstatt kommen. In der Schule wurde ihnen laufend gesagt, was sie zu tun haben, welche Unterlagen sie mitzubringen haben, welcher Zeitplan besteht und vieles mehr. Von einer Berufsperson erwartet man jedoch ein hohes Mass an Selbständigkeit. Es liegt auch an Ihnen, die Lernenden auf diesem Weg zu begleiten und zu fördern, aber auch diese Selbständigkeit sowie den Leistungswillen zu fordern.

Ein grosser Vorteil der dualen Berufsbildung gegenüber dem gymnasialen Werdegang ist die Erfahrung in sozialer Kompetenz. In der Schule bewegen sich die jungen Menschen immer unter Gleichaltrigen und Gleichgesinnten. Nun müssen sie mit Menschen aller Alterskategorien und unterschiedlicher sozialer Herkunft zusammenarbeiten und mit ihnen auskommen. Für viele ist dies vorerst eine grosse Herausforderung. Sie als Ausbildner müssen die Lernenden dabei unterstützen.

Wie Ihnen die Ausübung der verschiedenen Rollen gelingt, hängt zu einem grossen Teil davon ab, wie Sie als Vorbild auf die Lernenden wirken. Diese Vorbildfunktion ist wohl eine der schwierigsten Aufgaben. Sie bezieht sich nicht nur aufs Berufswissen, sondern auch auf viele andere Punkte während der Ausbildungszeit. Wie gehen Sie als Ausbildner mit Mitarbeitenden um, wie äussern Sie sich über das Unternehmen, wie behandeln Sie Kunden und Lieferanten, ja sogar wie kleiden Sie sich.

Es ist wichtig zu erkennen, dass die Vorbildfunktion auch über die Arbeitszeit hinausgeht. Ein Preisträger der Hans Huber Stiftung hat es treffend formuliert. Wenn er im Restaurant einmal etwas über den Durst getrunken hätte, würde er sich hüten, sich auffällig zu benehmen. Beim Einkaufen würde er sich hüten, in der Warteschlange zu drängeln. Es könnte immer ein Lernender in der Nähe sein, der ihn kennt. Natürlich ist es nicht einfach, auch in der Freizeit Vorbild zu sein, aber es gehört eben zu Ihrem Job.

Sie sehen also, vielen Aufgaben müssen Sie gerecht werden und es wird viel von Ihnen erwartet. Und trotzdem: Die Ausbildung junger Menschen ist eine der vornehmsten und schönsten Tätigkeiten. Es ist doch sehr befriedigend mitzuerleben, wie sich die Lernenden zu Fachleuten entwickeln. Wenn sie dann nach dem erfolgreichen Lehrabschluss den Fähigkeitsausweis in Händen halten, gehört auch Ihnen als Ausbildner ein grosser Teil des Erfolges.

Nun hoffen wir, Sie mit diesem Buch bei der Erfüllung dieser schwierigen, aber auch schönen und dankbaren Aufgabe etwas zu unterstützen und Ihnen nützliche Tipps geben zu können.

Christian Fiechter
Präsident Hans Huber Stiftung
Präsident Förderstiftung polaris

Eine der schönsten Aufgaben

Liebe Leserin, lieber Leser

Die Arbeit mit Jugendlichen gehört für mich zu einer der schönsten und erfüllendsten Aufgaben. Junge Menschen sind offen und meist noch frei von fixen Gedankenmustern und Vorstellungen. Sie haben Wünsche, Träume und Vorstellungen von einem herrlichen Leben. Diese Vorstellungen sind aus Erwachsenensicht vielleicht ab und zu etwas illusorisch und können leicht als Fantastereien abgetan werden. Doch wer sich zurück erinnert weiss, dass in jedem Leben die Jugend voller Träume und schöner Fantasien ist. Genau das braucht es auch.

Als Berufsbildungsperson haben Sie in Ihrer Rolle unter anderem die Aufgabe, die Jugendlichen auf dem Weg zum Erreichen ihrer Träume zu unterstützen und zu begleiten. Seien Sie sich dieser grossen Verantwortung bewusst. Seien Sie ein begeisternder und vorbildlicher Trainer und Coach. Und wenn Sie möchten, versuchen Sie auch immer wieder, von den Jugendlichen und ihrem flexiblen Geist zu lernen. Das kann sehr erfrischend und freudvoll sein.

Ich wünsche Ihnen weiterhin viel Freude, Erfüllung und Zufriedenheit bei Ihrer wichtigen Aufgabe als Berufsbildnerin oder Berufsbildner und jetzt vor allem viel Vergnügen beim Lesen.

Gregor Loser

Teil 1

Hinweise zu den Schulstufen

Schülerinnen und Schüler der 8. Klasse

Diese Jugendlichen stehen am Beginn des Berufswahlprozesses. Sie haben noch keine Erfahrungen in Unternehmen, mit Lernenden und Berufsbildungspersonen machen können. Es sei denn, sie waren in Ferienjobs tätig und haben dabei den einen oder anderen Eindruck erhalten. Bei Schnuppernden der 8. Klasse geht es in erster Linie darum, dass sie ein Gefühl für Berufe und Unternehmen entwickeln können. Denken Sie daran, dass diese Jugendlichen im Alltag vor allem mit Gleichaltrigen zu tun haben. Eine Zusammenarbeit mit Erwachsenen verschiedenster Altersstufen ist ihnen eher fremd. Lassen Sie diese Schüler Ihre Lernenden begleiten und einfach beobachten. Bestimmen Sie die Dauer der Schnupperaktivitäten dem Beruf entsprechend. Beispielsweise sollte diese bei einem Bäcker länger dauern als bei Büroberufen. Denn einmal pro Woche mitten in der Nacht aufzustehen und tätig zu sein, gibt noch zu wenig Eindruck für beide Seiten (Berufsbildner und Schüler). Erst nach mehrmaligem Wiederholen ergibt sich ein klareres Bild.

Schülerinnen und Schüler der 9. Klasse

Jugendliche haben in dieser Phase bereits etliche Berufe kennengelernt. Sie haben Begegnungen in verschiedenen Betrieben machen können. Sie bringen Schnuppererfahrung mit und verfügen damit über Vergleichsmöglichkeiten. Berufe und Betriebe zu vergleichen ist für Schüler in dieser Phase enorm wichtig. Auch sie sollen einerseits auf ihr Bauchgefühl hören und spüren, ob sie sich im Betrieb und bei den Tätigkeiten wohl fühlen. Und ob ihnen die Personen im Unternehmen sympathisch sind. Oft sind es bei Jugendlichen Kleinigkeiten, welche ausschlaggebend für die Entscheidung sind.

1.1 Rekrutierung von Lernenden

Je besser Lernende zum gewählten Beruf, zu Ihnen und zu Ihrem Betrieb passen, desto grösser sind die Chancen auf Erfolg für alle Beteiligten. Es lohnt sich, den Rekrutierungsprozess sehr seriös und mit einem hohen Mass an Professionalität durchzuführen.

Vor allem gilt es, genügend Zeit dafür einzuplanen. Auch wenn die Realität manchmal vermeintlich hektisch ist und Zeit oftmals Mangelware zu sein scheint: Die Ausrede, zu wenig Zeit zu haben, sollte beim Thema Berufsbildung nie zu hören sein.

1.1.1 Ausschreibung - Inhalte

Je klarer Sie die Ausschreibung formulieren, desto besser. Achten Sie auf einen einfachen Schreibstil mit kurzen und prägnanten Sätzen. Beschreiben Sie Ihr Unternehmen, Ihre Philosophie, Ihr Angebot oder Ihre Dienstleistungen. Tun Sie dies in einfacher und klarer Sprache. Allzu beschönigende Formulierungen lassen Sie besser weg. Prüfen Sie bei allenfalls bereits bestehenden Texten aus der Marketingabteilung, ob diese auch wirklich empfängergerecht (Jugendliche) formuliert sind.

Führen Sie in der Unternehmensbeschreibung unbedingt auch Ihre Werte auf. Denken Sie bei der Auswahl dieser Werte auch hier daran, wer in erster Linie Zielpersonen des Textes sind. Das sind eben Jugendliche und erst in zweiter Linie möglicherweise Erwachsene (Eltern). Ihre persönlichen Notizen aus der Standortbestimmung im zweiten Kapitel dieses Buches können Ihnen beim Formulieren ebenfalls helfen.

Eine detaillierte Beschreibung des Lehrberufs ist nicht zwingend notwendig. Die Bewerbenden kennen in der Regel die Berufe oder wissen zumindest, wo sie sich diesbezüglich Informationen holen können. Beim Schnuppern ist das dann allerdings anders. Da ist es sinnvoll, den Beruf nochmals detailliert vorzustellen und damit auch die Aspekte des Berufes in Bezug auf Ihr Unternehmen, Ihre Produkte und Dienstleistungen zu erläutern.

1.1.2 Ihre Lernenden als Coaches

Beziehen Sie hier punktuell auch Ihre aktuellen Lernenden mit ein. Sie sind es, welche in der Regel ebenfalls sehr nah mit den zukünftigen Lernenden zusammenarbeiten und somit zusammenpassen müssen. Geben Sie Ihren Lernenden beispielsweise den Auftrag, eine Präsentation über Ihr Unternehmen aus Sicht des Lernenden zu erstellen. Diese Präsentation soll dann den Schnuppernden wieder von den Lernenden vorgetragen werden. Lassen Sie zudem Ihre Lernenden zu Wort kommen. Die Lernenden sind altersmässig näher an den zukünftigen jungen Mitarbeitenden und werden so aus einer neuen Perspektive gehört und verstanden. Geben Sie Ihren Lernenden den Auftrag, ihren Betrieb, ihren Beruf und das, was sie gerne machen, mit wenigen Worten zu beschreiben. Sofern vorhanden, sollen die Lernenden auch etwas erwähnen, was sie vielleicht nicht so gerne machen, dies aber trotzdem erledigen und zwar mit der gleichen Professionalität wie bei den Dingen, die sie gerne mögen. Die Zitate Ihrer Lernenden fügen Sie quasi als Referenz in Ihre Ausschreibungen mit ein.

Beispiel:
Sandra, 17, Ausbildung zur Kauffrau, Gemeindeverwaltung:
«Meine Lehre gefällt mir sehr gut. In unserer Gemeindeverwaltung ist es sehr abwechslungsreich und wir wechseln regelmässig die Abteilungen. Beispielsweise das Steueramt, das Einwohneramt etc. Meine Ausbildungspersonen sind alle freundlich und nett. Sie erklären mir alles sehr genau. Dokumente ordnen und ablegen (im Archiv) ist eine Tätigkeit, die ich nicht so gerne mache. Doch dies muss eben auch getan werden. Den Kontakt mit den Einwohnern am Schalter schätze ich sehr. Ich würde die kaufmännische Lehre wieder bei dieser Gemeinde machen.»

Falls Sie auf der Webseite Ihres Unternehmens Videos geeignet publizieren können, ist das sicher auch eine sehr gute Gelegenheit, Ihre Lernenden sprechen zu lassen. Achten Sie darauf, dass die Videos nicht zu lang sind (maximal 1 Minute 30 Sekunden). Gute Smartphones haben exzellente Kameras und die Qualität dieser Videos ist absolut ausreichend. Falls Sie oder Ihr Betrieb ein Facebook-Profil besitzt, teilen Sie die

Videos auch da oder auf anderen sozialen Medienkanälen. Beachten Sie unbedingt, dass die Lernenden und allenfalls auch deren Eltern mit der Publikation ausdrücklich einverstanden sind.

Vorlage: denkfit.ch

1.1.3 Ausschreibung – Plattformen

Es gibt sehr viele Möglichkeiten, Lehrstellen auszuschreiben und dafür zu werben. Zum Beispiel:
- Mundpropaganda
- Bestehende Lernende werben für Ihr Unternehmen
- Mitarbeitende werben für Ihr Unternehmen
- Lehrstellennachweis – Lena (berufsberatung.ch)
- Offizielle Kanäle wie Amt für Berufsbildung etc.
- Gemeindeblätter
- Eigener Internetauftritt des Unternehmens
- Internet allgemein (Stellenportale)
- Internet soziale Medien (Facebook, Twitter, Instagram etc.)
- Internet spezifisch (spezielle «Lehrlings-Portale»)
- Inserat in Zeitungen, Zeitschriften, Fachmagazinen etc.
- Lokale elektronische Medien (TV, Radio)
- Messen allgemein oder Berufsbildungsmessen
- Kontakte zu Schulen / Lehrpersonen
- Inserate in Festführern von Vereinen
- Bestehende Lernende «werben» in ihrem Freundes-, Bekannten- und Freizeitkreis
- Schnupperlernende geben Empfehlungen weiter
- Mitmachen bei Schulworkshops wie beispielsweise «Fit für die Lehre» (denkfit.ch)

> Werbemöglichkeiten im Rahmen von Sportveranstaltungen (Vereinsanlässe)

Mundpropaganda

Die wichtigste Kommunikationsmöglichkeit, um auf Ihren Betrieb und offene Lehrstellen hinzuweisen, ist die «Mundpropaganda», also die mündliche Weiterempfehlung. Sie ist die kostengünstigste, aber auch die anspruchsvollste. Sie kann ausschliesslich dadurch gesteuert werden, wie Sie Ihre Angestellten, Ihre Lernenden und die Lehrstellensuchenden bei Ihnen im Betrieb behandeln. Im Optimalfall besetzen gute Betriebe ihre Lehrstellen ohne aufwändige Publikationen und

Werbemassnahmen, einfach weil Mitarbeitende in ihrem Umfeld von ihren guten Erfahrungen mit dem Unternehmen erzählen.

Ebenso wirkungsvoll und kostengünstig ist die Plattform von berufsberatung.ch (Lehrstellennachweis, genannt LENA). Beachten Sie, dass Sie als ausschreibender Betrieb auch für die Aktualisierung zuständig sind. Hier empfiehlt sich diszipliniertes Arbeiten und Updaten, ansonsten schaffen Sie sich bei Suchenden rasch einen schlechten Ruf.

Printmedien

Die Ausschreibung in Printmedien – insbesondere Tageszeitungen – ist im Verhältnis zur Wirkung eher eine teure Form der Publikation. Zahlreiche Printmedien publizieren allerdings regelmässig regionale Sonderbeilagen oder Magazine zum Thema Berufswahl. In diesen Beilagen zu inserieren ist sicher sinnvoll und in den allermeisten Fällen auch eher kostengünstig. Damit erreichen Sie nicht nur die Jugendlichen, sondern auch deren Eltern.

Firmenfahrzeuge

Eine gute und günstige Möglichkeit der Publikation bieten Ihre Firmenfahrzeuge. Produzieren Sie professionelle Autobeschriftungen und bringen Sie diese an Ihren Fahrzeugen an.

Wir suchen Lernende:
- **Polymechaniker**
- **Logistiker**
→ **www.musterag.ch**

Achten Sie auf eine plakative, sympathische und gut lesbare Gestaltung. Hier empfiehlt es sich, einen Grafiker beizuziehen. Oft bieten diese zugleich auch die Produktion an oder können Ihnen Produktionsunternehmen empfehlen.

Soziale Medien

Viele Unternehmen haben in den letzten Jahren sehr viel Zeit und Geld in die sozialen Medien investiert. Die Meinungen über Sinn und Unsinn gehen hier weit auseinander. Eines ist klar: wer bei den sozialen Medien im Internet aktiv präsent sein will, muss wissen, dass der zeitliche Aufwand zur regelmässigen Pflege der Plattformen nicht zu unterschätzen ist. Wer nicht immer wieder Inhalte produziert und diese teilt, geht schnell unter. Mit anderen Worten: egal, für welche Plattformen Sie sich auch immer entscheiden, wenn Sie nicht regelmässig gute Inhalte präsentieren, ist es womöglich besser, die Zeit für anderes einzusetzen. Oder eben: entweder richtig oder gar nicht. Auf den nachfolgenden Seiten finden Sie zu diesem Thema zwei Erfahrungsberichte in Form von Interviews.

Interview
«Erfahrungen soziale Medien»

Vorname	Lukas
Name	Kreiliger
Firma	von Moos Sport + Hobby
Funktion	Geschäftsleitungsmitglied
Webseite	vonmoos-luzern.ch

Welche sozialen Onlinemedien setzen Sie im Bereich der Berufsbildung ein und wie lange arbeiten Sie schon mit diesen?
Facebook, jedoch noch nicht für offene Lehrstellen.

Zu welchem Zweck setzen Sie welche sozialen Onlinemedien ein?
Marketing, offene Stellen

Wie haben Sie sich das Wissen zur Anwendung angeeignet?
Learning by doing. Bei den Marktbegleitern abgeschaut.

Setzen Sie die sozialen Medien regelmässig und geplant (Bsp. Themen-, Jahresplanung etc.) oder situativ (nach Bedarf, nach Aktualität etc.) ein?
Wir haben einen Werbeplan für die Events. Bei den offenen Stellen ist es situativ.

Wie stehen die Kosten im Verhältnis zum Nutzen? Haben Sie hier Erfahrungswerte? Welche?
Die Kosten sind tief. Der Nutzen ist nicht in Franken messbar.

Wann sollte ein Unternehmen aus Ihrer Sicht die sozialen Onlinemedien im Bereich der Berufsbildung einsetzen und warum?
Wenn der Verkauf auch auf diese Medien ausgelegt ist. Dann sucht man so die richtigen Leute.

Ist es aus Ihrer Sicht unumgänglich, die sozialen Onlinemedien im Bereich der Berufsbildung einzusetzen oder kann ein Unternehmen getrost darauf verzichten?
Ich denke, dass man darauf verzichten kann, da man einen Lehrbetrieb nicht anhand der sozialen Onlinemedien aussucht. Wenn jedoch das Kaufpublikum jung ist, dann ist dies sicher wichtiger.

Von Moos Sport + Hobby bildet 15 Lernende in zwei Ausbildungsberufen (Grundbildung) aus.

Interview
«Erfahrungen soziale Medien»

Vorname	Ivo
Name	Riedi
Firma	SFS Group, Heerbrugg
Funktion	Leiter Berufsbildung
Webseite	sfs-lehre.ch

Welche sozialen Onlinemedien setzen Sie im Bereich der Berufsbildung ein und wie lange arbeiten Sie schon mit diesen?
Aktuell sind es die Plattformen von Facebook und Youtube. Den Flickr-Dienst pflegen wir nicht mehr, denn er wurde kaum frequentiert. Zurzeit prüfen wir den Einsatz von Instagram.

Zu welchem Zweck setzen Sie welche sozialen Onlinemedien ein?
Auf unserer Webseite sfs-lehre.ch sind statische, sich wenig ändernde Informationen über das Unternehmen, Berufsausbildungen, Schnuppermöglichkeiten und den Bewerbungs-

ablauf aufgeschaltet. In unseren sozialen Medien informieren wir über Aktualitäten und Highlights der beruflichen Grundbildung bei SFS: so zum Beispiel die Kick-off Tage, die Erlebniswoche, die Olympiade im Tastaturschreiben etc. Kurz: unsere Webseite spricht eher den Kopf an, die Social Media das Herz.

Wie haben Sie sich das Wissen zur Anwendung angeeignet?
Learning by doing hiess das Motto. Ich darf mich, sollte ich einmal nicht mehr weiterkommen, immer auch auf das Wissen unserer IT-Lernenden verlassen. Grundsätzlich sind die sozialen Medien aber sehr intuitiv und einfach zu verstehen. Zudem findet man auf alle Fragen im Internet immer die richtigen Antworten.

Setzen Sie die sozialen Medien regelmässig und geplant oder situativ ein?
Zu dieser Fragestellung gilt es allererst zu erwähnen, dass die Pflege von sozialen Medien mit Zeitaufwand verbunden ist. Gelegentliche Posts bringen kaum den gewünschten Erfolg. Bevor ein Unternehmen diese Plattformen einsetzen möchte, würde ich auf Grund meiner Erfahrungen empfehlen, Ziele und Strategie eines solchen Engagements zu definieren und anschliessend die nötigen organisatorischen Fragen zu klären.

Wie stehen die Kosten im Verhältnis zum Nutzen? Haben Sie hier Erfahrungswerte? Welche?
Soziale Medien sind eine zeitgemässe Art der Kommunikation und sie stellen eine Möglichkeit des Marketings dar. Es ist selbstredend, dass Marketing mit Aufwand und Kosten verbunden ist.

Wer sich für eine Marketing-Strategie mit sozialen Medien entscheidet, wird andere Kanäle entweder nicht mehr oder dann weniger intensiv einsetzen. Aufgrund der von uns gewählten Strategie ist die Höhe unserer Marketingaufwendungen in den vergangenen Jahren in etwa gleich geblieben. Werden die Auftritte allerdings mit professionellen Foto- und Videopartnern betrieben, steigen die Kosten schnell rasant an.

Wichtig scheint mir die Integration der Jugendlichen bei Social Media-Projekten; finden sie in Posts Erwähnung, sind sie auf Fotos abgelichtet oder Akteure in Filmen, verbreiten sich die Beiträge rasend schnell und ziehen die Aufmerksamkeit des Zielpublikums auf sich.

Wann sollte ein Unternehmen aus Ihrer Sicht die sozialen Onlinemedien im Bereich der Berufsbildung einsetzen und warum?

Heutzutage sind wohl gegen 99 Prozent der Jugendlichen in der Schweiz im Besitz eines Smartphones. Es ist Kommunikations- und Informationswerkzeug zugleich. Möchte ein Unternehmen also in dem Teich fischen, in welchem die Fische schwimmen, kommt es nicht umhin, auch eine oder mehrere Plattformen zu pflegen.

Ist es aus Ihrer Sicht unumgänglich, die sozialen Onlinemedien im Bereich der Berufsbildung einzusetzen oder kann ein Unternehmen getrost darauf verzichten?

Wer zu Marketingzwecken kommuniziert, soll sich entscheiden, mit welcher Strategie und mit welchen Mitteln die gesetzten Ziele erreicht werden sollen. Onlinemedien sind zwar zeitgemäss und erfolgversprechend, wer sich jedoch für einen Einsatz von sozialen Medien entscheidet, tut es im Bewusstsein, dass dies mit zeitlichem und monetärem Aufwand verbunden ist.

In meinen Augen stellt sich nicht die Frage Onlinemedien ja oder nein – vielmehr ist es wichtig, dass der gewählte Weg des Marketings das Zielpublikum findet und von guter Qualität ist. Schliesslich gilt es, die gesetzten Ziele zu erreichen und bekanntlich führen viele Wege nach Rom.

Wie stellen Sie das Berufsbildungsangebot auf Ihrer Unternehmenswebseite dar? Welche Schwerpunkte setzen Sie? Was ist Ihnen wichtig, was weniger?

Am besten wählt man zur Beantwortung der Frage unsere Webseite sfs-lehre.ch und gewinnt gleich selbst einen Eindruck davon. Dies nicht zuletzt deshalb, da sich das Gesicht unserer Webseite stetig verändert und Inhalte angepasst werden.

Uns ist wichtig, dass die Besucherinnen und Besucher unserer Webseite alle kurz und bündig formulierten Informationen rund um die Berufsausbildungen bei SFS, den Schnuppermöglichkeiten und zum Bewerbungsablauf schnell finden und bei allfälligen Fragen den richtigen Ansprechpartner umgehend finden.

Die SFS Group bildet 160 Lernende in zehn Ausbildungsberufen (Grundbildung) aus.

1.1.4 Vorstellungsgespräch

Als Vertreter Ihres Unternehmens sind Sie im Vorstellungsgespräch eine wichtige Visitenkarte für Ihren Betrieb. Seien Sie pünktlich, seien Sie vorbereitet, seien Sie entspannt, ausgeglichen, freundlich und motiviert. Deaktivieren Sie alle externen Störfaktoren (Telefon, Smartphone, E-Mail-Eingangsbenachrichtigungen, fragestellende Mitarbeitende etc.) und planen Sie genügend Zeit ein. Zelebrieren Sie die Gespräche. Damit zeigen Sie Ihrem Gegenüber Wertschätzung. Sollte ein Bewerber viel zu früh erscheinen, lassen Sie ihn nach Möglichkeit nicht warten. Ziehen Sie allenfalls das Gespräch vor oder wenn das nicht geht, bieten Sie ihm etwas zu lesen, vorzubereiten und allenfalls ein Getränk an.

Denken Sie daran, dass Ihnen ein Jugendlicher gegenübersitzt. Erinnern Sie sich dieser Tatsache insbesondere dann, wenn Sie in Ihrer Funktion im Betrieb auch Vorstellungsgespräche mit Erwachsenen führen. Das ist ein sehr grosser und bedeutender Unterschied. Der Jugendliche ist unerfahren und vielleicht unsicher. Dem sollten Sie Rechnung tragen. Verwenden Sie für das Vorstellungsgespräch mit Jugendlichen nicht das gleiche Raster wie bei Erwachsenen. Gehen Sie individuell auf den Jugendlichen ein. Geben Sie ihm Sicherheit und gewinnen Sie sein Vertrauen, indem Sie ihm aufmerksam zuhören, indem sie Ruhe, Gelassenheit und Wohlwollen ausstrahlen. Denken Sie dabei auch immer an Ihren Gesichtsausdruck. Achten Sie darauf, dass dieser möglichst freundlich und entspannt ist.

Gespräch auf Augenhöhe

Beobachten Sie die Jugendlichen ganz genau. Welche Körperhaltung haben sie? Wie ist der Gesichtsausdruck? Sind sie angespannt, nervös, unsicher? Oder versuchen sie, ihre Unsicherheit zu überspielen?

Je besser Sie die Jugendlichen beobachten, desto optimaler können Sie auf diese eingehen. Achten Sie ganz gezielt darauf, dass Sie nicht «von oben herab» auftreten. Begegnen Sie den Jugendlichen auf Augenhöhe. Mit Respekt, Wertschätzung und Freundlichkeit.

Das Vorstellungsgespräch mit Jugendlichen soll vor allem dem gegenseitigen Kennenlernen dienen. In den 30 bis maximal 40 Minuten können Sie im persönlichen Austausch herausfinden, ob die Bewerberin oder der Bewerber zu Ihnen und zum Unternehmen passt. Ob eine Kandidatin oder ein Kandidat auch wirklich will, dazu sollten Sie vor allem die Schnupperlehre als Beurteilungsgrundlage verwenden. Sollten Sie nach dem ersten Vorstellungsgespräch noch nicht ganz sicher sein, ob die Bewerberin oder der Bewerber passt, führen Sie beispielsweise nach der Schnupperlehre noch ein zweites Gespräch durch. Ihr Bauchgefühl ist hier sicher der beste Wegweiser für eine glückliche Entscheidung.

Brechen Sie das Eis!

Wenn Sie merken, dass Ihr Gegenüber sichtlich sehr nervös und angespannt ist, versuchen Sie, die Situation etwas zu entspannen, indem Sie vielleicht einen Betriebsrundgang vorziehen oder Sie ein Thema wie zum Beispiel Sport oder Hobbies zuerst ansprechen und sich dann locker und ungezwungen dazu unterhalten. Falls es aufgrund Ihrer Einschätzung passt, das Thema Nervosität direkt anzusprechen, tun Sie das. Geben Sie den Jugendlichen zu verstehen, dass Nervosität in diesem Fall zwar normal, aber im Grunde nicht nötig ist. Fragen Sie allenfalls, weshalb jemand nervös ist oder wovor er oder sie denn direkt Angst hat.

Damit Sie eine Kandidatin oder einen Kandidaten «öffnen» können, liegt es an Ihnen, im Bedarfsfall das Eis zu brechen. Geben Sie den Jugendlichen hier vielleicht auch ab und zu eine Extra-Chance.

1.1.5 Schnupperaktivitäten

Bevor Sie Schnupperaktivitäten durchführen, stellen Sie sich die Frage, welche Ziele Sie damit erreichen wollen. Seien Sie sich bewusst, in welcher Phase sich der Schüler befindet, der bei Ihnen schnuppert. Ein Schüler der 8. Klasse hat andere Erwartungen und Erfahrungen als ein Schüler, welcher sich im letzten Schuljahr befindet.

Kann er oder sie? Will er oder sie? Passt er oder sie?

Das Beantworten dieser drei Fragen bildet eine wichtige Entscheidungsgrundlage. Dies gilt sowohl für Schüler der zweiten als auch für Schüler der dritten Oberstufe. «Kann er oder sie?» zeigt sich vor allem beim Schnuppern oder allfälligen Tests. «Will er oder sie?» können Sie sowohl beim Schnuppern als auch im persönlichen Gespräch eruieren. «Passt er oder sie?» ist vor allem eine Entscheidung Ihrer Erfahrung, Ihres persönlichen Gesamteindrucks und letztendlich auch Ihres Bauchgefühls. Dies darf bei der Schlussentscheidung durchaus auch eine wichtige Rolle spielen.

Lernende und Mitarbeitende miteinbeziehen

Auch Ihre Mitarbeitenden sollen in die Beurteilung der Schnupperkandidaten bewusst miteinbezogen werden. Geben Sie hier ganz klare Aufträge zum Beobachten. Teilen Sie Ihren Lernenden und Mitarbeitenden mit, worauf sie konkret achten sollen. Lassen Sie diese ihre Beobachtungen auf Checklisten protokollieren. Ein Punkt «Bauchgefühl» sollte auf der Checkliste nicht fehlen.

Vorlage: denkfit.ch

Klare Messbarkeit bringt klare Vergleiche

Für eine fundierte und nachhaltig erfolgreiche Entscheidung reicht das Bauchgefühl alleine jedoch nicht. Definieren Sie dem Beruf und Ihrem Unternehmen entsprechend Aufgaben, welche klar messbar und damit auch objektiv direkt vergleichbar sind. Beispiel Konstrukteur: Wie genau misst er (Abweichung)? Wie viel Zeit benötigt er?

1.1.6 Austrittsgespräche nach dem Schnuppern

Ein ausführliches Gespräch zum Schluss des Schnupperns ist sehr wichtig und sollte in jedem Fall zum Standard gehören. Dabei sollen die Jugendlichen zuerst ihre Eindrücke schildern. Blicken Sie anschliessend im Gespräch zurück, schildern Sie Ihre Eindrücke und kommunizieren Sie diese den Jugendlichen klar, ehrlich und in einer für sie verständlichen Weise. Ziel dieses Gesprächs ist Klarheit auf beiden Seiten. Kommunizieren Sie den Jugendlichen, ob Sie sich bereits entschieden haben oder warum Sie mit der Entscheidung noch warten werden. Sprechen Sie ebenfalls an, wie es weitergeht, welches die nächsten Schritte sind und wann die Jugendlichen wieder von Ihnen hören werden oder ob sie sich allenfalls melden sollen. Dabei ist festzuhalten, dass die Kommunikation eher vom Unternehmen ausgehen soll.

Kurzprotokoll

Jugendliche haben in vielen Dingen eine etwas andere Wahrnehmung als Erwachsene. Es gibt zahlreiche Fälle, in denen Schüler mit der klaren Vorstellung aus einer Schnupperwoche gingen, einem Lehrvertrag stünde nichts mehr im Wege. Die Unternehmen hingegen waren sich noch alles andere als sicher. So etwas sollte möglichst nicht passieren. Ein ganz einfaches Gesprächsprotokoll, das Sie dem Jugendlichen mitgeben, kann hier zu mehr Klarheit beitragen. Das Gesprächsprotokoll soll einfach sein.

Vorlage: denkfit.ch

1.1.7 Schnupperlehre – Übersicht

- Bereiten Sie die Schnupperaktivitäten seriös vor
- Machen Sie den Schnuppernden nichts vor: Keine «Bauernfängerei» während der Schnupperlehre
- Denken Sie stets daran: Ihr Gegenüber ist kein Erwachsener
- Seien Sie ehrlich und denken Sie stets an die optimale Wahrung des Images Ihres Unternehmens
- Holen Sie Referenzen ein

Vorlage: denkfit.ch

- Beobachten Sie aufmerksam und seriös: Fähigkeiten, Stärken, Schwächen (vgl. auch Stärken-Schwächen-Analyse als Download unter denkfit.ch)
- Beurteilen Sie objektiv und fair
- Beurteilen Sie alle gleich
- Beziehen Sie Ihr Team in die Beurteilungen und den Entscheidungsprozess mit ein
- Führen Sie vor und nach der Schnupperlehre ein Eintritts- beziehungsweise ein Austrittsgespräch mit konstruktiven Rückmeldungen und Vorschlägen zur Verbesserung
- Protokollieren Sie vollständig
- Schaffen Sie Klarheit und Transparenz (Beispiel: Wie geht es weiter? Was sind die nächsten Schritte?)

1.1.8 Berufsinformationsanlässe

Vor allem grosse Unternehmen bieten regelmässig sogenannte «Berufsinformationsveranstaltungen» oder «Berufswahlnachmittage» an. Die SFS Group mit 160 Lernenden ist ein solcher Betrieb. Alle Details dazu im nachfolgenden Interview.

Interview
«Berufsinformationsanlässe»

Vorname	Ivo
Name	Riedi
Firma	SFS Group, Heerbrugg
Funktion	Leiter Berufsbildung
Webseite	sfs-lehre.ch

Sie führen jedes Jahr verschiedene «Berufsinformationsanlässe» durch, bei welchen interessierte Schülerinnen und Schüler das Unternehmen und die Berufe kennenlernen können. Zu welchem Zeitpunkt führen Sie diese Anlässe durch?

Jeweils im Herbst öffnet SFS seine Tore und lädt alle Schülerinnen und Schüler aus der Region zum Berufsinformationsabend ein. Idealerweise besuchen die Jugendlichen diesen Anlass zusammen mit ihren Eltern. SFS ist zudem Mitglied des Vereins Chance Industrie. Dieser Verein informiert alljährlich sämtliche Schülerinnen und Schüler der zweiten Oberstufe anlässlich einer dreitägigen Berufsmesse über all die Berufe, welche in den Mitgliedsbetrieben angeboten werden. Darüber hinaus gibt es immer wieder Schulen und Klassen, die sich für ein individuelles Programm interessieren, um die Berufswelt kennen zu lernen. Solche Wünsche erfüllt SFS natürlich sehr gerne.

Wie bewerben Sie Ihre Berufsinformationsveranstaltungen?
SFS versucht, möglichst viele Kanäle zu nutzen, um über die Anlässe zu informieren: Webseite, persönliche Einladung aller Schülerinnen und Schüler der zweiten Oberstufe mit einem Flyer, Social Media (Facebook und Youtube) und teilweise auch Zeitungsinserate.

Wie gestalten Sie die Anlässe?
Der SFS Berufsinformationsabend befindet sich in ständiger Entwicklung. Grundsätzlich stellt sich aber jeder Beruf an einem Berufsstand vor und für viele Berufe ist auch eine Besichtigung des Arbeitsplatzes möglich. Am SFS Berufsinformationsabend sind jeweils zwischen 60 und 80 Lernende die Ansprechpartner der interessierten Schülerinnen und Schüler.

Gibt es eine «Nachfass-Methode»?
Nein. Da SFS am Berufsinfoabend keine Adressen, E-Mail-Adressen oder Handynummern sammelt, ist dies auch nicht möglich. Ein gelungener Berufsinformationsabend ist natürlich beste Werbung dafür, dass die Schülerinnen und Schüler gerne mehr über einen Beruf oder das Unternehmen erfahren möchten und sich für ein Tagespraktikum oder eine Schnupperlehre anmelden. Deshalb engagieren sich die SFS Lernenden sehr, um ihre jüngeren Kolleginnen und Kollegen über ihre Berufe zu informieren und sie zu begeistern, mehr darüber erfahren zu wollen.

Die SFS Group bildet 160 Lernende in zehn Ausbildungsberufen (Grundbildung) aus.

1.1.9 Dokumentation Rekrutierung

Dokumentieren Sie den Rekrutierungsprozess ganz genau. Vor allem kleine Betriebe neigen vielfach dazu, mit der Ausrede «zu wenig Zeit», mangelhaft bis gar nicht zu dokumentieren. Das ist nicht professionell und wird sich am einen oder anderen Ort früher oder später bestimmt rächen. Protokollieren Sie jeden Schritt und legen Sie für jeden Kandidaten eine Akte an. So haben Sie stets den Überblick.

Im Rahmen meiner Recherche-Arbeit zu diesem Buch bin ich in diesem Zusammenhang auf ein sehr interessantes Start-up-Unternehmen in der Ostschweiz gestossen. Zahlreiche Unternehmen arbeiten schon mit der Rekrutierungs-Software dieses Unternehmens und berichten ausschliesslich Gutes. Ich habe den Geschäftsführer getroffen. Das Gespräch mit ihm lesen Sie auf den folgenden Seiten.

Interview
«Rekrutierungs-Software»

Vorname	Raphael
Name	Mösch
Funktion	Geschäftsführer Dualoo, Goldach
Webseite	dualoo.com

Welchen Bezug haben Sie zur beruflichen Grundbildung?

Dank meiner Lehre als Polymechaniker konnte ich sämtliche guten und auch die weniger guten Aspekte der dualen Grundbildung kennenlernen. Meine Lehrzeit war eine sehr grosse Herausforderung, da mein Berufsbildner und ich nicht wirklich gut miteinander auskamen. Für seine Tätigkeit als Ausbildungsverantwortlicher bewunderte ich ihn jedoch schon während meiner Lehrzeit sehr. So sehr, dass ich den grossen Wunsch hatte, selbst einmal als Berufsbildner tätig sein zu wollen. Die für mich negativen Führungsmethoden meines Ausbilders wollte ich später selber einmal mit Sicherheit nicht anwenden. Ich hatte Glück. Bereits sechs Jahre nach Abschluss meiner Lehre erfüllte sich mein

Wunsch und ich durfte ein Ausbildungszentrum mit 63 Lernenden und 6 Berufsbildungspersonen leiten. Es war eine wunderschöne, herausfordernde und erfüllende Tätigkeit.

Sie haben Anfang 2015 ein Start-up gegründet, um eine Rekrutierungssoftware speziell für Lernende zu entwickeln und anzubieten. Aus welchem Grund?
In meiner Tätigkeit als Leiter des Ausbildungszentrums durfte ich jährlich 13 Lernende rekrutieren. Dabei habe ich mir zu Beginn in administrativer Hinsicht beinahe die Zähne ausgebissen. Es war mein Ziel, dass immer alle Bewerbenden innert Wochenfrist von uns hörten. Sei dies in Form einer Eingangsbestätigung der Bewerbung, in Form einer Einladung zu einer Schnupperlehre oder auch einer Lehrstellenzusage. Da ich dieses Ziel mit Hilfe der vom Vorgänger übernommenen Excel-Tabelle nicht mit einem angemessenen Zeitaufwand erreichen konnte, suchte ich nach einer passenden Software. Ich war ernüchtert. Es gab zwar viele Softwares für Personaladministrationsprozesse, keine jedoch war speziell auf den Rekrutierungsprozess von Lernenden ausgerichtet.

Ich hatte das Glück, dass ein Mitarbeiter mir eine für das Ausbildungszentrum zugeschnittene Software programmieren konnte, womit alle Herausforderungen in unserem Prozess gelöst wurden. Durch Berufskollegen erfuhr ich, dass nicht nur ich mit diesem Problem kämpfte. So entstand die Idee, selbst eine Software zu entwickeln, welche für alle Lehrbetriebe dieses spezifische Problem lösen kann.

Für wen ist die Software gedacht?
Exklusiv für Lehrfirmen. Dafür aber für alle Branchen und Berufe. Es spielt dabei keine Rolle, ob ein Unternehmen jährlich einen oder über 100 Lernende rekrutieren möchte.

Was genau kann Ihre Software?
Sie bildet den bestehenden Rekrutierungsprozess der Unternehmung ab und hilft dabei, die Top-Bewerber für sich zu gewinnen. Wir hatten bei der Programmierung den Anspruch, dass der Benutzer der Software dieses Ziel ganz einfach und mit intuitiver Anwendung erreichen kann. Der Zustand, dass Bewerbungsunterlagen liegen bleiben, gehört der Vergangenheit an, wenn ein Unternehmen mit unserer Software arbeitet. Briefe und E-Mails können einmalig ähnlich wie bei einem Serienbrief hinterlegt und gestaltet werden. Per Knopfdruck werden diese jeweils individuell für den einzelnen Bewerber generiert und elektronisch verschickt. Alle Informationen sind für alle Beteiligten jederzeit selbst über Tablet und Smartphones abrufbar. Beispielsweise können Schnupperlernende so direkt vor Ort, beispielsweise auf einer Baustelle, bewertet werden.

Welchen Nutzen habe ich als Berufsbildungsperson?
Die Software schickt Ihnen ein E-Mail, sobald es etwas zu tun gibt. Dann loggen Sie sich ein und mit wenigen Mausklicks organisieren Sie beispielsweise eine Schnupperlehre und lösen nach Abschluss bereits den nächsten Schritt aus. Dieser wird dann allenfalls von einer anderen Person bearbeitet. So arbeiten alle einfach, intuitiv und zuverlässig gemeinsam am Prozess mit, ohne sich dauernd einloggen zu müssen, damit nichts vergessen geht. Die Bewerber merken, dass das Unternehmen zuverlässig und interessiert ist. So gewinnen am Ende alle.

1.1.10 Klare und verbindliche Kommunikation

Bestätigen Sie alle Schritte schriftlich. Der Aufwand ist kleiner als man auf den ersten Blick denkt. Wirkung und Nutzen hingegen sind gross:
- Sie werden als professionelles Unternehmen wahrgenommen.
- Sie bringen den Schnupperkandidaten Wertschätzung und Respekt entgegen und machen ihnen vor, wie Kommunikation optimal läuft.
- Wenn Sie zudem alle schriftlichen Dokumente kopieren oder scannen und pro Kandidatin oder Kandidat ablegen, haben Sie bereits erste Dossierarbeit erledigt.

Vorlage: denkfit.ch

Tun Sie das, was Sie von den Jugendlichen im kommunikativen Umgang ebenso erwarten.

Interview
«Jansen Academy»

Vorname	Albert
Name	Koller
Firma	Jansen AG, Oberriet
Funktion	Leiter Academy
Webseite	jansen.com

Wie hat sich die Berufsbildung bei Jansen entwickelt?
Jansen AG blickt hinsichtlich Berufsbildung auf eine lange Tradition. Noch im Entstehungsjahr 1923 wurde der erste Lernende – ein Kaufmann – ausgebildet. Das war natürlich damals in keiner Art und Weise mit den Ausbildungen von heute vergleichbar. Aber die Berufsbildung und damit die Förderung von Eigennachwuchs war bei Jansen von Anbeginn ein wichtiger Teil der Unternehmensphilosophie. Bis zum heutigen Tag haben wir rund 600 Lernende ausgebildet. Mittlerweile beschäftigen wir pro Lehrjahr rund 15 Lernende. Die Bedeutung der Berufsbildung hat in unserem Unternehmen nach Innen stark zugenommen. 2014 haben wir die Alumni-Organisation für ehemalige Lernende der

Jansen AG ins Leben gerufen. Am ersten Anlass nahmen rund 350 ehemalige Lernende teil.

Welchen Stellenwert haben die Lernenden in Ihrem Betrieb?

Von 680 Mitarbeitenden (ohne Lernende) am Standort Oberriet haben 120 ihre Lehre bei Jansen absolviert. Alle Lernenden arbeiten bei uns produktiv. Sie sind in alle Prozesse eingebettet und leisten damit einen wesentlichen Beitrag zum Unternehmenserfolg. Bei uns sind die Lernenden zugleich Botschafter unseres Betriebes. Einerseits fördern wir die jungen Berufsleute, um Eigennachwuchs sicherzustellen. Andrerseits betreiben wir auch Karriereförderung, indem wir sie zu Weiterbildungen an Fachhochschulen motivieren. Damit gehen sie zwar weg vom Unternehmen, können so aber auch andernorts Fremderfahrungen machen. Die ausgebildeten Fachkräfte danach wieder zurückzugewinnen, ist uns ein wichtiges Ziel.

Sie beschäftigen 50 Lernende in 13 Lehrberufen. 2013 haben Sie für sämtliche Ausbildungsbereiche die Jansen Academy gegründet. Was hat Sie zu diesem Schritt bewogen?

Mit dem Ziel, Fähigkeiten und Kompetenzen zu fördern, legt die Jansen Academy den Grundstein für eine kompetenzbasierte Personalentwicklung über alle Unternehmensbereiche und Organisationsebenen hinweg.

Jansen will als lernendes Unternehmen die Bildung zielgerichtet nach innen und aussen strategisch gestalten und positionieren. Erfolg setzt Kompetenz voraus. Der Mensch steht dabei im Mittelpunkt. Als Orientierung dient ein eigenes Kompetenzmodell und dies beinhaltet in einem Kompetenzraster fünf Kompetenzfelder mit einzelnen Kompetenzen, die mittelfristig zum Erreichen der Unternehmensziele beitragen.

Von welchen Kompetenzfeldern sprechen Sie?
Selbstkompetenz, Sozialkompetenz, Fachkompetenz, Methodenkompetenz und Führungskompetenz.

Was steckt in der Jansen Academy?
Neue Lehr- und Lernformen tragen die Vision einer interaktiven Wissens- und Ideenschmiede. Neben einem breit gefächerten Aus- und Weiterbildungsprogramm für Mitarbeitende und Lernende, integriert die Jansen Academy ein vielseitiges Angebot an Kursen und Workshops für Kunden und Partner. In Kooperation mit Wissens- und Bildungspartnern wird das inspirierende Programm der Jansen Academy auf- und ausgebaut. Bereits bestehende Aus- und Weiterbildungsprogramme sowie das bereits erwähnte Alumni-Netzwerk werden ebenfalls integriert.

Welche Aufgaben übernehmen Sie als Leiter der Jansen Academy?
Die Academy wurde bewusst von der HR-Abteilung getrennt und ist direkt der Konzernleitung unterstellt. Als Verantwortlicher für alle Bildungsbereiche ist meine Aufgabe das Koordinieren, Selektionieren sowie das Auswählen und Veranstalten von Weiterbildungen für sämtliche Abteilungen und Mitarbeitenden sowie die gesamte Personalentwicklung (inkl. Talentmanagement). Zudem suchen wir laufend nach geeigneten externen Bildungspartnern. Einer davon ist beispielsweise das Zentrum für berufliche Weiterbildung ZBW in St. Gallen. Lehrvertragsunterzeichnungen und Lehrbeginn, Lernendenworkshop sowie der Lernendenausflug werden ebenfalls von der Academy konzipiert, organisiert und durchgeführt.

Die Jansen AG bildet 50 Lernende in 13 Ausbildungsberufen (Grundbildung) aus.

1.2 Lehrvertrags-unterzeichnung

> Der Lehrvertrag ist für die Jugendlichen mit Sicherheit von sehr grosser Bedeutung. Vermutlich unterschreiben sie zum ersten Mal in ihrem Leben eine verbindliche Vereinbarung, welche zahlreiche Rechte und Pflichten mit sich bringt.

Mit der Unterzeichnung des Lehrvertrags wird ein wichtiger Grundstein für die berufliche Laufbahn besiegelt. Es bedeutet für die jungen Menschen, dass sie Verantwortung übernehmen und sich die nächsten zwei bis vier Jahre gegenüber einem Unternehmen verpflichten. Aber auch für das Unternehmen sollte der Lehrvertrag eine sehr wichtige Bedeutung haben. Sie übernehmen damit für eine bestimmte Zeit eine sehr hohe Verantwortung gegenüber einem jungen Menschen. Sie verpflichten sich damit für die Dauer der beruflichen Grundbildung und gehen eine finanzielle Verbindlichkeit ein.

Zelebrieren Sie!

Falls Sie schon zahlreiche Lehrverträge unterzeichnet haben und dies jedes Jahr immer wieder tun, denken Sie daran, für den Jugendlichen ist das eine einmalige und eben entsprechend bedeutungsvolle Angelegenheit. Zeigen Sie, dass es auch für Sie von grosser Bedeutung ist und zelebrieren Sie den Moment entsprechend. Führen Sie die Lehrvertragsunterzeichnung keinesfalls zwischen Tür und Angel durch. Nehmen Sie sich genügend Zeit und eliminieren Sie vorgängig alle möglichen externen Störfaktoren. Wählen Sie Ihre Worte bewusst, würdevoll und motivierend.

Weitere Ideen, um die Lehrvertragsunterzeichnung wertschätzend zu zelebrieren:

➤ Einladung ins Unternehmen, zusammen mit den Eltern
➤ Dokumentation mit Foto bei Unterzeichnung
➤ Apéro (evtl. können mehrere Lehrverträge gleichzeitig unterzeichnet werden und die «Mit-Lernenden» können sich besser kennenlernen und austauschen)

Tun Sie das, was Sie persönlich für richtig, wichtig, wertschätzend und würdevoll halten. Denken Sie bei Ihrer Planung stets an den Hauptakteur – den neuen Lernenden – sein Alter und seine möglichen Wünsche und Vorstellungen.

1.3 Zwischen Lehrstellenvergabe und Lehrbeginn

> Nutzen Sie die Zeit zwischen Lehrstellenvergabe und Lehrbeginn, um alle administrativen Arbeiten zu erledigen und den ersten Arbeitstag der neuen Lernenden optimal vorzubereiten.

- Melden Sie die lernende Person frühzeitig in der Berufsfachschule an.
- Informieren Sie sich, wann in der Berufsfachschule allenfalls der Einschreibetag stattfindet und was die Lernenden mitnehmen müssen (Passfoto, Schreibzeug etc.).
- Kommunizieren Sie den Neueintritt bei den Mitarbeitenden in Ihrem Unternehmen.
- Legen Sie in Ihrem Unternehmen allfällige Zuständigkeiten und Ansprechpersonen im Zusammenhang mit den neuen Lernenden fest.
- Bereiten Sie den zukünftigen Arbeitsplatz vor.
- Bestellen Sie rechtzeitig allfällige Arbeitskleidung, Mitarbeiterausweise, Garderobenschränke etc.
- Machen Sie eine Jahresplanung und legen Sie die wichtigsten Meilensteine gemäss Berufsbildungsgesetz fest.
- Koordinieren Sie alle Termine der Berufsbildung (Start, Beurteilungsgespräche, überbetriebliche Kurse etc.) mit

den Terminen des Gesamtunternehmens (Ferien, Jubiläen, spezielle Ereignisse etc.).
➤ Erstellen Sie eine Checkliste mit allen administrativen Arbeiten, welche vor Beginn der Lehre erledigt sein müssen.
➤ Überlegen Sie sich frühzeitig, wie Sie den ersten Arbeitstag gestalten wollen.

Bleiben Sie in Kontakt!

Vielerorts werden die Lehrverträge immer früher abgeschlossen. Dadurch besteht die Gefahr, dass eigentlich eine «ganz andere Person» die Lehre antritt als die, die man beim Schnuppern und Vorstellen kennenlernte. Es ist deshalb sinnvoll, zwischen Lehrstellenvergabe und Lehrbeginn mit den zukünftigen Lernenden in Kontakt zu bleiben. Kommunizieren Sie dies den Jugendlichen auch so und terminieren Sie ein bis zwei Treffen bei Ihnen im Unternehmen. So können Sie die Entwicklung der zukünftigen Lernenden mitverfolgen. Weisen Sie die Jugendlichen unbedingt auch darauf hin, dass sie nach Lehrstellenzusage trotzdem in der Schule bis zum Ende voll mitmachen. Fordern Sie zur Überprüfung auch das Zeugnis des ersten und/oder zweiten Semesters des letzten Schuljahres an.

1.4 Start in die berufliche Grundbildung

1.4.1 Erfahrungsbericht – mein Start in die berufliche Grundbildung

Mein Jahrgang ist 1972. Mein Lehrbeginn war 1989. Ich erinnere mich noch, wie wenn es gestern gewesen wäre. Ein schrecklicher Tag. Er nahm seinen schicksalshaften Anfang schon am Freitag davor. Als eingefleischter Fan der britischen Rockmusiker «Motörhead» war eine lange Haarmähne auch für mich Pflicht. Für meine Mutter hingegen war schon längst klar, mit dieser «Rundum-Langmähne» würde ich nicht in die Lehre gehen. Ich wusste allerdings von diesem Vorhaben nichts bis eben zu jenem Freitag. So ging es also ab zum Haareschneiden. Ich hatte keine Chance, diesem Vorhaben zu entkommen und musste mich beugen. Mit der neuen «Vokuhila-Frisur» (vorne kurz, hinten lang) sah ich nun plötzlich aus wie Softrocker Bon Jovi. Für einen Hardrocker eine Tortur sondergleichen, für mich damals eine schier unfassbare Tragödie. Am Sonntag kam dann mein Götti. Er war in der gleichen Firma als Personentransporter angestellt. Seine Arbeit bestand darin, mit dem Firmenbus jeden Morgen diverse Mitarbeitende «einzusammeln» und zur Arbeit zu fahren. Er bot mir an, dass ich am Montagmorgen mitfahren könne. In der Nacht schlief ich keine Minute. Einerseits aus Frust und Ärger über meine zerstörte Haarpracht, andrerseits aus Nervosität und Angst vor dem Ungewissen.

Auf meinen Götti war Verlass. Er holte mich am Montagmorgen ab und fuhr mich in meinen neuen Lehrbetrieb. Um 06.45 Uhr waren wir da. Was mein Götti allerdings nicht bedachte oder nicht wusste, war, dass die Mitarbeitenden der Personalabteilung erst um 08.00 Uhr eintrafen. So stand ich dann also mehr als eine Stunde in der riesigen und leeren Eingangshalle dieses grossen Industriekonzerns. Mausbeinallein, komplett übermüdet und mit katastrophaler Frisur. Es war zum Heulen.

Um 08.00 Uhr wurde ich vom damaligen Lehrmeister empfangen. Er machte dann eine ausführliche Besichtigung der Firma. Ich war komplett neben den Schuhen und bekam nichts mit. Das einzige, woran ich mich noch erinnere, war das Ende des Rundgangs. Da drückte er mir eine Arbeitsschürze in die Hände und legte verschiedene Bücher oben drauf. «Das ist ab Morgen deine Arbeitskleidung und diese Bücher brauchst du für deine Ausbildung. Morgen musst du um 07.30 Uhr wieder hier sein.» Mit diesen Worten wurde ich verabschiedet. Das war mein erster Tag in der Lehre. Unvergesslich schrecklich. Doch bekanntlich hat ja alles auch etwas Gutes. Als Berufsbildner weiss ich heute: der erste Tag in der beruflichen Grundbildung ist ein wichtiger Weichensteller, an den man sich lange erinnert. Dabei gestalte ich diesen nach dem Motto «weniger ist mehr». Wir starten stets um 9 Uhr mit einem «Znüni». Wir reden dabei über die Ferien und ich stelle immer die Frage: «Wie bist du heute hierher gekommen?».

Ivan Schurte, Schaan

1.4.2 Der erste Tag

Stellen Sie sich vor, Sie treten in einem neuen Unternehmen eine neue Stelle an. Was würden Sie sich für diesen ersten Tag wünschen? Notieren Sie bitte 5 Punkte:

Der erste Tag ist für Lernende ein sehr wichtiger Moment im Leben. Es sollte ein Ereignis sein und werden, welches im Optimalfall ein Leben lang in bester Erinnerung bleibt. Das ist Ihre grosse Aufgabe.

Ein erfolgreicher «erster Tag» beginnt bei Ihnen als Berufsbildungsperson mit einer entsprechend guten Vorbereitung. Kommunizieren Sie schriftlich und genau, wo, wann und allenfalls mit welcher Ausrüstung/Kleidung (falls notwendig) der Lernende eintreffen soll. Wenn Sie in diesem Schreiben auch schon Informationen zum Ablauf oder zu Inhalten des ersten Tages aufführen können, umso besser. Das kann beim Jugendlichen allfällige Ängste und Unsicherheiten etwas verringern. Besprechen Sie den Neueintritt auch mit allen Mitarbeitenden in Ihrem Unternehmen. Alle sollen wissen, wer an diesem Tag neu zum Gesamtteam dazukommt. Falls Sie bereits Lernende beschäftigen, binden Sie diese in die Gesamtplanung und in den Ablauf des ersten Tages der «Neuen» mit ein.

Wenn es soweit ist

Seien Sie sich bewusst, dass der Übertritt von der Schule in die berufliche Grundbildung für die jungen Menschen eine sehr grosse Umstellung ist. Die letzten grossen Sommerferien sind zwar vorbei, doch womöglich ist der Jugendliche innerlich noch im Ferien-Modus. Achten Sie darauf, dass Sie am Tag selbst komplett entspannt sind. Nehmen Sie sich genügend Zeit. Hektik soll und darf an diesem Tag keinen Platz haben. Auch wenn Ihre Lernenden später dann die Erfahrung machen, dass es im Unternehmen immer wieder auch hektisch zu- und hergehen kann, am ersten Tag darf das keinen Platz haben. Das ist ein besonderer Tag und dementsprechend soll er auch würdig zelebriert werden. Empfangen Sie die neuen Lernenden herzlich und freundlich. Der Raum soll freundlich, hell, sauber und ordentlich sein. Räumen Sie wenn nötig vorher auf. Es ist sicher schön, wenn Sie Getränke und etwas Essbares organisieren. Denken Sie hier daran, dass der Geschmack in Sachen Essen und Trinken von Erwachsenen und Jugendlichen nicht unbedingt der gleiche ist.

Seien Sie offen und natürlich

Wenn Sie merken, dass die Nervosität bei den Lernenden gross ist, reagieren Sie entsprechend. Erklären Sie den Jugendlichen, dass Sie sich bewusst sind, dass dieser Neuanfang zu Beginn vielleicht manchmal eine Herausforderung darstellt und dass ein wenig Unsicherheit und Nervosität auch dazu gehört und dass dies normal und verständlich ist. Erklären Sie den Jugendlichen in diesem Zusammenhang, dass sie jederzeit zu Ihnen kommen können, wenn Unklarheiten, Unsicherheiten oder Fragen auftauchen. Dies soll dann aber auch so sein. Ein optimaler Berufsbildner hat für seine

Lernenden immer Zeit, das ist eine seiner wichtigsten Pflichten.

1.4.3 Erwartungen und Ängste notieren!

Am ersten Tag sollen sich die neuen Lernenden ganz bewusst mit dem Thema Erwartungen und Befürchtungen auseinandersetzen. Erteilen Sie dazu den Auftrag, folgende Fragen schriftlich zu beantworten:
- Was erwarte ich vom Ausbildungsbetrieb?
- Was erwarte ich von der Berufsfachschule?
- Was erwarte ich von mir selbst?

Das gleiche sollen die Lernenden mit ihren Ängsten machen:
- Welche Ängste und Befürchtungen habe ich in Bezug auf meine Lehre?

Datieren Sie die Arbeiten und sprechen Sie sich mit den Lernenden ab, dass Sie diese Dokumente nun unter Verschluss halten werden. Wenn zu einem späteren Zeitpunkt Probleme oder Krisen entstehen, holen Sie diese Dokumente hervor und nutzen Sie diese als Gesprächsgrundlage.

**Interview
«Die ersten 100 Tage»**

Vorname	Ivan
Name	Schurte
Firma	Wirtschaftskammer Liechtenstein
Funktion	Bereichsleiter «100pro! berufsbildung liechtenstein»
Webseiten	100pro.li wirtschaftskammer.li

Welches sind die wichtigsten Punkte, die eine Berufsbildnerin oder ein Berufsbildner für den ersten Tag der beruflichen Grundbildung beachten sollte?
In den ersten Stunden fokussiere ich mich komplett auf den Lernenden und mich. Alles andere ist inexistent. Mein Terminkalender ist blockiert, Telefonate werden keine entgegengenommen, das Smartphone ist ausgeschaltet. Ich empfange den Lernenden in einem angenehmen Raum, damit er in Ruhe «ankommen» kann. Getränke und Gipfeli stehen bereit. Ruhe auszustrahlen, sich Zeit zu nehmen und den Lernenden von den Ferien erzählen zu lassen, ist

mein erster Gesprächsinhalt. Anschliessend mache ich eine Besichtigung des Unternehmens. Wichtig ist, das gemeinsame Mittagessen zu planen. Am Abend des ersten Tages führe ich immer nochmals ein Gespräch durch und lasse den Tag gemeinsam mit dem Lernenden Revue passieren.

Welches sind die wichtigsten Meilensteine während der ersten 100 Tage?
In den ersten 90 Tagen arbeiten und lernen die Lernenden ausschliesslich für mich. Er will dem Berufsbildner gefallen, er will zum Team gehören und gute Leistungen vollbringen. Erfahrungsgemäss lässt dieses Engagement nach erfolgreichem Beenden der Probezeit etwas nach. In dieser Phase formt sich meist die Art und Weise, wie wir in Folge zusammenarbeiten werden.

Wie soll es nach der Probezeit optimal weitergehen?
Sehr wichtig sind die regelmässigen Standortgespräche. Das Berufsbildungsgesetz BBG schreibt halbjährliche Beurteilungen vor. Kontinuierliche konstruktive Gespräche sind sicher hilfreicher. Die «guten Zeiten» sollen genutzt werden, um die stürmischen Zeiten schadlos zu meistern und so das Qualifikationsverfahren erfolgreich zu absolvieren.

«100pro! berufsbildung liechtenstein» bildet 27 Lernende in neun Ausbildungsberufen (Grundbildung) aus. Gesamthaft werden im Arbeitsalltag 160 Lerndende betreut.

Betrachten Sie die ersten 100 Tage der beruflichen Grundbildung als weichenstellende Phase für die gesamte Lehre. Alles ist neu und die Jugendlichen brauchen besonders viel Betreuung. Es lohnt sich bestimmt, wenn Sie sich in dieser Phase ganz besonders viel Zeit für die Lernenden nehmen. Eine vorausschauende Planung vor allem punkto Zeitbedarf ist hier besonders wichtig.

Interview
«Die ersten 100 Tage»

Vorname	Patrik
Name	Oberholzer
Firma	St. Gallische Psychiatrie-Dienste Süd Klinik St. Pirminsberg, Pfäfers
Funktion	Leiter Berufsbildung Pflege
Webseite	psych.ch

Welches sind die wichtigsten Punkte, die eine Berufsbildnerin oder ein Berufsbildner für den ersten Tag der beruflichen Grundbildung beachten sollte?
Bei den St. Gallischen Psychiatrie-Diensten Süd (PDS) wird der erste Tag aller Lernenden Fachpersonen Gesundheit gemeinsam gestaltet. Es ist wichtig, dass die Lernenden ankommen und sich einen Überblick verschaffen können. Wir dürfen nicht vergessen, dass sie in den nächsten Wochen viele neue Systeme (Berufsfachschule, überbetriebliche Kurse, Patientenstationen etc.) kennen lernen dürfen und müssen. Am ersten Tag werden sie spielerisch empfangen und können sich auch präsentieren, was ihnen eine erste

Identität im „Neuen-Grossen" verschaffen soll. Ebenfalls werden übergeordnete wichtige Themen erläutert, welche für eine erste Arbeit auf der Station wichtig sind (Berufsgeheimnis, persönliche Grenzen, Sie-Du Regel, persönliche Hygiene). Um die weitläufigen Räumlichkeiten kennen zu lernen, gehört ein Klinikrundgang natürlich dazu. Beides dient zur Vermittlung von Sicherheit während des Einstiegs ins Berufsleben. Am ersten Tag wird zudem gemeinsam der Folgetag vorbereitet, denn am zweiten Tag gehen die Lernenden bereits auf die Patientenstationen. Um die Neugierde darauf zu fördern, erhalten sie den Auftrag, entsprechende Fragen dazu zu formulieren. Damit die Lernenden ein Gefühl für die Gruppe entwickeln können, planen sie am ersten Tag das Kochen des gemeinsamen Mittagessens, welches am vierten Tag der Lehre stattfindet.

Für alle an der Berufsbildung beteiligten Personen ist sicherlich eine neugierige, wohlwollende und verständnisvolle Haltung unumgänglich. Nur wer sich wohlfühlt, kann sich öffnen. Alle diese Ausführungen zeigen deutlich auf, dass der Einstieg in die berufliche Grundbildung viel Zeit, Information und Begleitung benötigt.

Welches sind die wichtigsten Meilensteine während der ersten 100 Tage?
Anknüpfend an die erste Frage kann der Einstieg, respektive der erste Tag in der beruflichen Grundbildung klar als erster grosser Meilenstein genannt werden. Ähnlich werden wohl die Lernenden die ersten Berührungspunkte mit der Berufsfachschule und mit den überbetrieblichen Kursen erleben.
Der erste Tag auf der Station ist sicherlich auch wegweisend: Kennenlernen der Teammitglieder, Struktur der Station und Tagesablauf, wie gestaltet sich der Kontakt zu den Patienten etc.

Weitere wichtige Meilensteine in den ersten 100 Tagen:
- Die erste Lernsituation (ca. Woche 1 oder 2 nach Start)
- Das erste Mal etwas selbständig «machen» (ca. Woche 1 bis 3 nach Start)
- Die ersten Rückmeldungen in Feedbackform im Arbeitsalltag (ca. Woche 1 bis 3 nach Start und danach regelmässig)
- Die erste «offizielle» Standortbestimmung in Gesprächsform (ca. Woche 6 nach Start)
- Der erste Bildungsbericht als Probezeitgespräch mit den Eltern (Woche 12 nach Start)

Wie soll es nach der Probezeit optimal weitergehen?
Die Lernenden sollen weiterhin gefordert und gefördert werden, dazu benötigen diese eine adäquate und regelmässige Unterstützung sowie Begleitung. Lob sowie konstruktive Kritik unterstützen den Lernprozess und gehören dazu. Grenzen dürfen und sollen aufgezeigt werden, die gute «Beziehung» bleibt dabei weiterhin bestehen.
Den regelmässigen Kontakt mit den Eltern z.B. bei Bildungsberichten erleben wir als sehr unterstützend in der Begleitung der Lernenden.

Die St. Gallischen Psychiatrie-Dienste Süd bilden 27 Lernende in 7 Ausbildungsberufen (Grundbildung) aus.

1.5 Ihre Berufsbildungs-Planung

Ein guter Überblick ist wichtig! Erstellen Sie eine Ganzjahresübersicht mit den einzelnen Inhalten, Zielen, Tätigkeiten, Terminen etc. Gleichen Sie sämtliche Termine mit den wichtigsten Daten in der Jahresplanung des Gesamtunternehmens ab (Ferien, Tage der offenen Tür, Jubiläen, etc.). Wählen Sie dazu diejenige Methode aus, welche für Sie am besten passt, ob Word, Excel oder handschriftlich. Machen Sie die Planung für die Lernenden, aber auch für das gesamte Team sichtbar. Damit alle im Unternehmen wissen, was in Sachen Berufsbildung «im Haus» läuft.

1.5.1 Überblick Ablauf berufliche Grundbildung

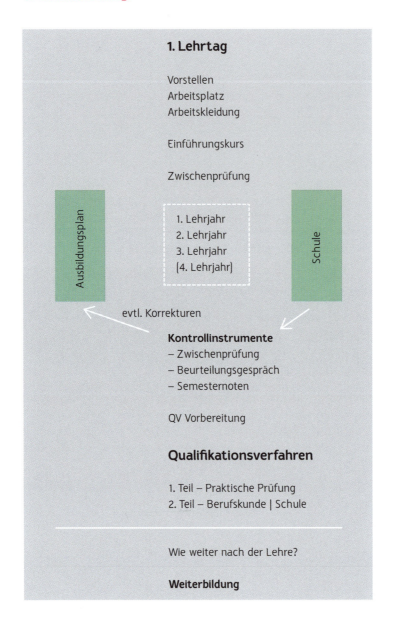

1.5.2 Darstellung als Zeitstrahl

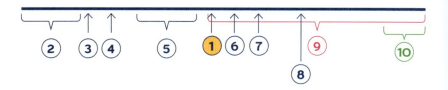

① Start berufliche Grundbildung
② Abklärung «Bilde ich aus?»
③ Expertise auf Erstausbildung
④ Auflage aus Expertise erfüllen
⑤ Rekrutierung
⑥ Erster Arbeitstag
⑦ Probezeit
⑧ Teilprüfung / Standortbestimmung für Erstausbildung
⑨ Konstante Begleitung mit Ziel QV
⑩ QV / Austritt

1.6 Das Qualifikationsverfahren

> Führen Sie sich vor Augen, dass das berufliche Qualifikationsverfahren (QV) eigentlich mit dem Start der dualen Grundbildung am ersten Tag beginnt. Machen Sie dies in der ersten Woche auch Ihren Lernenden bewusst. Es gilt, regelmässig schulische und fachliche Inhalte zu repetieren und zu üben, damit nie zu grosse Lücken entstehen.

- Erstellen Sie zusammen mit den Lernenden entsprechende Lernpläne
- Setzen Sie inhaltsbezogene Meilensteine und kontrollieren Sie diese
- Bieten Sie gemeinsame Lernstunden an und integrieren Sie das regelmässige praktische Repetieren auch im Berufsalltag
- Setzen Sie ältere Lernende in Ihrem Betrieb als Lerncoaches ein

Rechtzeitig anmelden!

Sobald Sie die Anmeldeunterlagen für das QV erhalten, füllen Sie diese sogleich aus. Mit dem Retournieren ist der Startschuss für das berufliche Qualifikationsverfahren erfolgt. Die Eröffnung des Prüfungsergebnisses erfolgt dann vom Amt für Berufsbildung.

Prüfungstermine notieren!

Auch wenn die Lernenden mittlerweile schon sehr erfahren, erwachsener und sicherer sind, zeigen Sie auch in dieser Phase der beruflichen Grundbildung echtes Interesse. Notieren Sie alle Prüfungstermine. Fragen Sie jeweils nach, wie es gelaufen ist.

Szenarien besprechen!

Selbstverständlich gehen wir davon aus, dass Ihre Lernenden das berufliche Qualifikationsverfahren erfolgreich absolvieren. Bedenken Sie, dass Sie mindestens ein Semester vor Ablauf des Lehrvertrags signalisieren, ob Ihr Unternehmen einen Anschlussvertrag anbieten kann oder nicht. Wurde das berufliche Qualifikationsverfahren erfolgreich absolviert, gilt es, eine entsprechend würdige Feier zu inszenieren. Machen Sie Ihren Lernenden ein besonderes Geschenk und überreichen Sie dieses im Rahmen eines gediegenen Abendessens.

Was, wenn es nicht reicht?

Besprechen Sie auch das Szenario, falls das berufliche Qualifikationsverfahren nicht bestanden wird. Besprechen Sie mit den Lernenden, welchen Weg sie in diesem Fall beschreiten möchten. Das Amt für Berufsbildung in Ihrem Kanton ist hier der richtige Ansprechpartner.

1.7 Zusammenarbeit mit Bildungspartnern

1.7.1 Zusammenarbeit Sekundarstufe I – Industrie – Gewerbe

Der Austausch zwischen Sekundarstufe I, Industrie und Gewerbe ist enorm wichtig und sollte regional gepflegt werden. Ein sehr erfolgreiches Modell dazu existiert im St. Galler Rheintal. Die Arbeitsgruppe «Schule und Wirtschaft (SCHUWI)» wurde im Jahr 2001 vom «AGV Arbeitgeberverband Rheintal» gegründet. Sie sieht sich als Bindeglied zwischen Schule und Wirtschaft. In der Arbeitsgruppe sitzen Vertreter des Arbeitgeberverbandes, der Schulen, des Gewerbes, ein Berufsberater sowie ein Repräsentant der Berufsbildner. SCHUWI verfolgt insbesondere die folgenden Zwecke:

- Verbesserung der Zusammenarbeit zwischen Schule und Unternehmen
- Sensibilisierung für die unternehmerische Tätigkeit und wirtschaftlichen Zusammenhänge
- Gegenseitiger Informationsaustausch
- Koordination von Aktivitäten
- Vermittlung von gegenseitigen Kontakten
- Austausch von Erfahrungen

Wie SCHUWI entstanden ist, erfahren Sie im nachfolgenden Interview mit Christian Fiechter. Er leitete die Arbeitsgruppe während vieler Jahre und war massgeblich an deren Aufbau beteiligt.

Interview
«Zusammenarbeit Schule und Wirtschaft»

Vorname	Christian
Name	Fiechter
Funktion	Gründungsmitglied der Arbeitsgruppe Schule und Wirtschaft (SCHUWI) des AGV Arbeitgeberverbandes Rheintal
	Präsident Hans Huber Stiftung
	Präsident polaris Förderstiftung
Webseiten	agv-rheintal.ch
	hanshuberstiftung.org
	polaris-stiftung.ch

Wie kam es zur Arbeitsgruppe SCHUWI?
Ungefähr im Jahr 2000 entwickelten Kantonsschüler im Rahmen einer Diplomarbeit eine Internetseite mit dem Namen «schuwi». Firmen konnten darauf vorhandene Ferienjobs für Schüler publizieren. Schüler wiederum konnten sich registrieren und angeben, von wann bis wann sie einen Ferienjob suchen. Die Webseite wurde an einer Medienkonfe-

renz präsentiert und auch dem Vorstand des Arbeitgeberverbandes vorgestellt. Die Webseite brachte den damaligen Vorstand des AGV Arbeitgeberverbandes Rheintal auf die Idee, eine Arbeitsgruppe zu bilden, welche den Austausch zwischen Schule und Wirtschaft fördert. Als ich später in den Vorstand des AGV gewählt wurde, wurde mir die Leitung dieser Arbeitsgruppe übertragen.

Welches waren damals die Bedürfnisse von Schule und Wirtschaft?
Die Unternehmen waren der Ansicht, dass die Schule viel zu wenig Wirtschaftsverständnis bildet. Die verantwortlichen Lehrkräfte wiederum beklagten sich, dass die Wirtschaft zu wenig klar kommuniziere, was sie von den Schulen konkret erwarten würde. Zudem beklagten sich vor allem die Reallehrpersonen, dass für ihre notenmässig schwächeren Schüler das Angebot an Lehrstellen zu klein sei.

Wie gingen Sie dann vor?
Es war mein Ziel, pro Jahr zwei bis drei kleine Weiterbildungsveranstaltungen mit Vertretern aus Schule und Wirtschaft durchzuführen. Dabei sollten nicht nur gewünschte Themen erläutert werden, sondern es sollte im Rahmen der Veranstaltungen auch zum grundsätzlichen Erfahrungsaustausch kommen. Zu jener Zeit wurden im Kanton St. Gallen die geleiteten Schulen eingeführt. So suchte ich also das Gespräch mit Schulleitern und Lehrpersonen, um zu eruieren, welche Themen sie interessieren würden. Die Lehrpersonen wollten in erster Linie wissen, was die Wirtschaft von der Schule erwartet. Dazu organisierte ich eine Veranstaltung mit zwei Referenten. Einerseits sprach der «Chef Ausbildung» des Arbeitgeberverbandes Schweiz zum Thema «Was erwartet die Wirtschaft von den Schulen?», andrerseits trat der Zentralpräsident des Lehrerverbandes Schweiz

auf und legte dar, was die Schule der Wirtschaft bieten kann und was nicht.

Wie gross war das Interesse an der ersten Veranstaltung?

Das Interesse war enorm und wir waren komplett überrascht. Etwa 1'200 Personen folgten unserer Einladung. Für uns ein klares Signal, weitere Veranstaltungen durchzuführen. Beispielsweise bekundeten die damals «frischen» Schulleiter Probleme mit der Beurteilung von Lehrpersonen. Wir organisierten eine Veranstaltung mit Personalchefs, welche aufzeigten, wie in der Wirtschaft qualifiziert wird und wie personelle Ziele umgesetzt werden. Auch diese Veranstaltung stiess auf grosses Interesse. Es folgten zahlreiche weitere Events, welche immer auf reges Interesse stiessen. Damit auch der persönliche Austausch zwischen Lehrpersonen und Wirtschaftsvertretern gefördert würde, fand jeweils im Anschluss einer Veranstaltung ein Apéro statt. Dies schaffte wertvolle Begegnungen und man lernte sich besser kennen.

Welchen Stellenwert hatte das Gewerbe bei SCHUWI?

Wir haben die Gewerbebetriebe von Anbeginn ganz bewusst integriert und sie auch zu unseren Veranstaltungen eingeladen. Allerdings wurden wir komplett ignoriert, es kam niemand. So luden wir die Gewerbevereinspräsidenten zu einer eigenen Veranstaltung ein, bei der wir SCHUWI vorstellen wollten. Ein einziger Präsident erschien. Mittlerweile ist das Gewerbe besser integriert und wie erwähnt, sitzt heute auch ein Gewerbevertreter in der Arbeitsgruppe.

Wo stand SCHUWI 15 Jahre nach deren Gründung?

SCHUWI hat sich etabliert und kann auf viele sehr erfolgreiche und interessante Veranstaltungen mit hoch qualifizierten Referenten zurückblicken. Noch heute findet jährlich eine grosse Herbstveranstaltung zu einem aktuellen Thema statt. Jeweils 150 bis 200 Personen aus Schule und Wirtschaft nehmen daran teil. Zudem bietet SCHUWI jedes Jahr allen Rheintaler Oberstufenschulen den Erfolgsworkshop «Fit für die Lehre» von und mit Gregor Loser an. In der halbtägigen Veranstaltung zeigt Loser den Schülern auf, welche Faktoren ebenso wichtig sind wie gute Zeugnisnoten, um erfolgreich in die berufliche Laufbahn zu starten. Mit dabei sind immer auch vier bis fünf Lernende aus der Region, welche von ihren Erfahrungen bei der Berufswahl berichten. Auch damit wird der direkte Austausch zwischen Schule und Wirtschaft gefördert. Der Workshop «Fit für die Lehre» wird mittlerweile nicht nur im St. Galler Rheintal sondern auch in verschiedenen Orten der Deutschschweiz sowie im Fürstentum Liechtenstein und im österreichischen Bundesland Salzburg regelmässig angeboten. 2012 hat SCHUWI die Realisierung des gleichnamigen Buches (Orell Füssli Verlag) gefördert und finanziell unterstützt. SCHUWI ist im St. Galler Rheintal als wertvolles Bindeglied zwischen Schule und Wirtschaft nicht mehr wegzudenken.

1.7.2 Zusammenarbeit Berufsfachschulen

Seien Sie sich bewusst, dass der Übertritt von der Pflichtschule in die Berufsfachschule für die jungen Schülerinnen und Schüler grosse Veränderungen mit sich bringt. Seien Sie sich auch bewusst, dass es in Ihrem Interesse liegt, hier auch den einen oder anderen Tipp an Ihre Lernenden abzugeben. Machen Sie die Jugendlichen vor allem zu Beginn der Lehre immer wieder in persönlichen Gesprächen auf diese Unterschiede aufmerksam. Lassen Sie in diesen Gesprächen auch die Jugendlichen zu Wort kommen, damit sie berichten können, wie sie das erleben und wie sie damit umgehen. Ebenso sollen Ihnen die Jugendlichen berichten, wie konkret sie diese Unterschiede erleben, damit eine Entwicklung sichtbar gemacht werden kann. Folgende Unterschiede sind vor allem zu Beginn der Lehre in Bezug auf die Berufsfachschule wichtig:

- Neue Klasse, neues Umfeld, neuer Schulort, neue Lehrpersonen
- Die Lehrpersonen treten mehr als Coaches auf und begleiten die Jugendlichen beim Lernen.
- Die Jugendlichen werden in der Regel von den Lehrpersonen mit «Sie» angesprochen.
- Mehr Freiheit bedeutet auch mehr Verantwortung und Selbstdisziplin. Die Jugendlichen sind sich aus der Oberstufe gewohnt, dass die Lehrpersonen Anweisungen geben und alles einfordern. Machen Sie die Lernenden darauf aufmerksam, dass dies in der Berufsfachschule nicht mehr so ist.
- Neu findet die Schule an einem oder zwei Tagen pro Woche statt. Das bedeutet mehr Schulstoff in weniger Schul-

tagen. Machen Sie den Lernenden klar, dass regelmässiges, kurzes Repetieren des Schulstoffes deshalb sehr wichtig ist. Es ist sinnvoll, hier vor allem zu Beginn der Ausbildung ein Kontrollinstrument einzuführen. Beispielsweise regelmässiges Abfragen von schulischen Inhalten im Betrieb. Dieses Abfragen soll nach Möglichkeit auch einmal von anderen Mitarbeitenden durchgeführt werden. Damit zeigen Sie den Jugendlichen auch auf, dass ihre Ausbildung nicht nur für den Berufsbildner, sondern auch für alle anderen Mitarbeitenden einen wichtigen Stellenwert hat.

Interview
«Berufsfachschule»

Vorname	Esther
Name	Schönberger
Firma	KV Luzern Berufsfachschule Detailhandelsberufe
Funktion	Rektorin Präsidentin Schweizerische Konferenz Kaufmännischer Berufsschulen SKKBS
Webseite	kvlu.ch

Sie haben drei Wünsche frei: was wünschen Sie sich von den Lehrbetrieben?

Mein erster Wunsch ist, dass sowohl die Ausbildungsbetriebe als auch die Berufsfachschulen eine bewusste Offenheit gegenüber den gegenseitigen Anliegen pflegen. Weiter wünsche ich mir, dass die beiden Interessengruppen in Sachen Feedback ebenso stets offen bleiben und damit die Weiterentwicklung und den Austausch ermöglichen. Als Drittes wünsche ich mir, dass es auch weiterhin möglichst viele Unternehmen in der Schweiz gibt, welche Jugendliche ausbilden. Die Ausbildungsbetriebe sichern damit Fortbestand der sehr wertvollen dualen Grundbildung in unserem Land.

Welches sind die wesentlichen Unterschiede zwischen Berufsfachschulen und Oberstufenschulen und wie können Lehrbetriebe diesbezüglich ihre Lernenden unterstützen?
Bis zum Abschluss der obligatorischen Schulzeit kennen die Jugendlichen in erster Linie die Welt von Schule, Freizeit und Hausaufgaben. Im neuen Lebensabschnitt ändert das komplett und die Jugendlichen sind sowohl in der Schule als auch im Ausbildungsbetrieb, wo sie in der Praxis lernen. Dieser Wechsel ist für die jungen Menschen ein sehr grosser Sprung. Zu Beginn der Lehre wird die Freizeit sicherlich stark eingeschränkt und die Belastung in der neuen Situation ist hoch. Umso mehr müssen sich Berufsfachschulen und Ausbildungsbetriebe immer wieder vor Augen führen, dass sie es mit sehr jungen Menschen zu tun haben, welche da sind um zu lernen und nicht, um alles schon zu können. Wir haben die Aufgabe, den Übertritt von der Oberstufe in den neuen Lebensabschnitt der Lehre möglichst optimal zu gestalten und die Jugendlichen beratend und unterstützend in die Berufswelt hinein zu begleiten.

Wann und wie haben Sie Kontakt mit den Lehrbetrieben Ihrer Schülerinnen und Schüler?
Seit mehreren Jahren führen wir alljährlich eine Informationsveranstaltung für Ausbildungspersonen durch. Dieses Angebot wird sehr rege genutzt, es sind jeweils mehr als 200 Ausbildungsbetriebe vertreten. Ein neues Projekt sieht zudem vor, dass die Schulklassen regelmässig als Gesamtgruppe die Unternehmen der Mitschülerinnen und Mitschüler besuchen.

Welche Punkte in Bezug auf die Zusammenarbeit mit den Lehrbetrieben sind Ihnen wichtig?
Es ist zentral, dass wir gemeinsam evaluieren, was in Zukunft in unserem Bereich gefordert ist. Dann gilt es, praxisbezogenes Basiswissen zu entwickeln, welches die jungen Berufsleute in ihren Betrieben auch möglichst gut und sinnvoll nutzen können.

Wann und in welcher Form haben Sie Kontakt mit den Eltern Ihrer Schülerinnen und Schüler?
Jeweils im November des ersten Schuljahres laden wir die Eltern zu einem Informationsabend ein. Auch dieses Angebot wird sehr geschätzt. Wir führen jeweils parallel zwei bis drei Abende durch, bei denen sich insgesamt etwa 700 Eltern informieren. Es ist uns ein wichtiges Anliegen, dass der Kontakt zwischen Berufsfachschule und Eltern im Guten etabliert wird. Das ist für uns eine entscheidende Grundlage.

1.7.3 Überbetriebliche Kurse

Das duale Bildungssystem der Schweiz sieht vor, dass eine Berufslehre an drei sogenannten «Lernorten» stattfindet:
1. Bei Ihnen im Lehrbetrieb
2. In der Berufsfachschule
3. In den überbetrieblichen Kursen (üK)

Die überbetrieblichen Kurse sind obligatorisch und lehren grundlegende berufliche Fertigkeiten. Sie sind kosteneffizient und weisen eine hohe Bildungsqualität auf. Inhalte und Dauer der Kurse sind je nach Beruf verschieden. Die Regelung dazu finden Sie in der Bildungsverordnung. Die Finanzierung erfolgt durch die Organisationen der Arbeitswelt, der Lehrbetriebe und der Kantone. Bei den überbetrieblichen Kursen dürfen für die Lernenden keine Kosten entstehen (Berufsbildungsgesetz).

Nehmen Sie die überbetrieblichen Kurse sehr ernst und vermitteln Sie diese professionelle Sichtweise und Haltung auch Ihren Lernenden. Die Kommunikation vor und im Anschluss an die überbetrieblichen Kurse ist dabei wieder eine sehr wichtige Aufgabe für Sie als Lehrbetrieb. Bereiten Sie Ihre Lernenden entsprechend vor, indem Sie ihnen das System der überbetrieblichen Kurse erklären. Bleiben Sie auf dem Laufenden und vor allem führen Sie eine Nachbesprechung durch, wenn Ihre Lernenden wieder in den Lehrbetrieb zurückkehren.

Interview «Überbetriebliche Kurse»

Vorname	Danilo
Name	Pasquinelli
Firma	SWISSAVANT
Funktion	Leiter Berufsbildung	Leiter überbetriebliche Kurse
Webseite	swissavant.ch

Seit 2004 sind die überbetrieblichen Kurse für alle Berufe obligatorisch. Was gilt es in Sachen Planung zu beachten?
Zu Beginn des Lehrjahres sind drei Fragen zu klären:
1. Sind die Termine der überbetrieblichen Kurse bekannt?
2. Ist die Koordination mit der betrieblichen Jahres- und Ferienplanung erfolgt?
3. Sind alle Kontaktpersonen der üK-Träger (Branchenverband) bekannt?

An dieser Stelle ist noch erwähnenswert, dass bei einem Lehrabbruch oder einem Lehrbetriebswechsel die üK-Träger proaktiv von den Betrieben informiert werden müssen. Andernfalls entstehen unnötige Kosten für den Lehrbetrieb.

Wie sollen die Lernenden vor den Kursen informiert werden?

Bei uns werden die ausführlichen Einladungen rund vier bis sechs Wochen vor üK-Beginn an die Lehrbetriebe und die Lernenden verschickt. Das ist auch ein guter Zeitpunkt, im Lehrbetrieb den üK in einem persönlichen Gespräch in aller Ruhe zu thematisieren. Sofern vorhanden, ist es sinnvoll, wenn ein Lernender des Vorjahres an diesem Gespräch ebenfalls teilnimmt und von seinen Erfahrungen berichtet. Erklären Sie Ihrem Lernenden, wie wichtig der überbetriebliche Kurs ist und dass die Note ein Teil des beruflichen Qualifikationsverfahrens (Lehrabschlussprüfung) darstellt. Gehen Sie zuerst alle organisatorischen Dinge durch und klären Sie alle Fragen, welche der Lernende diesbezüglich hat. Anschliessend definieren Sie Ihre Erwartungshaltung an den Lernenden. Auch der Lernende soll seine Erwartungshaltung an den überbetrieblichen Kurs festlegen. Stellen Sie beispielsweise mit einer Checkliste sicher, dass der Lernende am Tag des üK sämtliche benötigten Dokumente und Materialien dabei hat (zum Beispiel Lerndokumentation). Nebst den Erwartungen sollen auch gemeinsam Ziele vereinbart werden. Diese sind individuell nach Stärken und Schwächen zu setzen. Optimal ist es, wenn Sie gewisse Inhalte des üK schon einmal in der Praxis demonstrieren und vorbesprechen. Das gibt dem Lernenden zusätzliche Sicherheit. Erteilen Sie dem Lernenden den Auftrag, dass er nach dem üK eine ausführliche Zusammenfassung über die geschulten Inhalte schreibt. Damit dies einfacher ist, sollte er sich während des üK stets Notizen machen. Zu guter Letzt thematisieren Sie auch das Verhalten des Lernenden während des überbetrieblichen Kurses. Geben Sie dem Lernenden zu bedenken, dass er in diesem Kurs auch als Imageträger des

Ausbildungsbetriebes auftritt und sich dementsprechend verhalten soll.

Was ist nach den überbetrieblichen Kursen wichtig?
Eine Nachbesprechung zwischen Berufsbildungsperson und Lernenden ist zentral und zwingend. Ich erlebe es oft, dass Lernende in den Kursbewertungen notieren, dass sie sehr viel Neues gelernt haben. Wenn sich dann bei der Rückkehr in den Betrieb niemand für dieses Gelernte interessiert, ist das frustrierend und ein schlechtes Zeichen für einen Ausbildungsbetrieb. Machen Sie den üK aber nicht «zwischen Tür und Angel» zum Thema, sondern vereinbaren Sie dafür einen Termin mit dem Lernenden und nehmen Sie sich genügend Zeit. Als Beispiel können Sie unter anderem folgende Fragen stellen:

- Wie hast du den Kurs erlebt?
- Was lief gut?
- Was lief nicht gut?
- War der üK zu streng für dich und wenn ja, warum?
- Wie waren Unterkunft, Essen und Organisation?
- Terminieren Sie die Abgabe der schriftlichen Zusammenfassung

Geben Sie dem Lernenden die Möglichkeit, das Gelernte im Betrieb in geeigneter Form zu präsentieren. Manchmal ist der Lernende nach dem überbetrieblichen Kurs gewissermassen Experte in einem neuen Thema. Wenn er dank dieses Expertenwissens die Mitarbeitenden im Betrieb informieren kann, motiviert das und stärkt sein Selbstvertrauen.

Wie erleben Sie die Wertschätzung der Kurse von den Lernenden?
Grundsätzlich mit einer positiven Erwartungshaltung. Die Lernenden sind in praktisch allen Fällen begeistert. Dabei stellen sie oft fest, dass die überbetrieblichen Kurse zwar

intensiv, jedoch auch äusserst lehrreich sind. Das spezielle Vertiefen der Branchenkunde – gewissermassen von der Theorie zur Praxis – wird dabei extrem geschätzt.

Wie ist die Motivation der Lernenden während der Kurse?

Bei der Motivation stelle ich oftmals eine Steigerung von Beginn bis Schluss fest. Am ersten Tag sind die Jugendlichen oft noch sehr verhalten bis gar etwas ängstlich. Im Lauf der Woche gewinnen sie an Sicherheit und entwickeln dabei ein selbstbewusstes Auftreten. Am Ende des Kurses stelle ich bei den Lernenden dank verbesserter Fachkompetenz oft ein gesteigertes Selbstwertgefühl fest.

1.7.4 Amt für Berufsbildung am Beispiel Kanton St. Gallen

Das Amt für Berufsbildung ist zuständig für alle kantonalen Vollzugs- und Aufsichtsaufgaben bezüglich der berufsgestützten Bildungslinie, von der Schnittstelle nach der Volksschule bis zur höheren Berufsbildung und beruflichen Weiterbildung. Es erfüllt diese Aufgaben mit den Abteilungen Berufs-, Studien- und Laufbahnberatung, Lehraufsicht (zuständig für die betriebliche Bildung) und schulische Bildung (zuständig für die Berufsfachschulen und die höhere Berufsbildung/Weiterbildung). Die drei Bereiche werden überlagert von der Abteilung Finanzen und Administration.

Interview «Amt für Berufsbildung»

Vorname	Ruedi
Name	Giezendanner
Firma	Amt für Berufsbildung des Kantons St. Gallen
Funktion	Amtsleiter
Webseite	berufsbildung.sg.ch

In welcher Form unterstützen Sie die Berufsbildungspersonen?

Als Erstes sorgen wir für deren Ausbildung und erteilen ihnen die Bewilligung zum Ausbilden. In ihrer Ausbildungstätigkeit beraten wir sie bei Fragen und vermitteln bei Problemen in der Zusammenarbeit der verschiedenen Akteure (Lehrbetriebe, Lernende/Eltern, Berufsfachschule, überbetriebliche Kurse etc.).

Wie gestalten Sie die Zusammenarbeit bei Problemfällen zwischen Lernenden, Eltern und Lehrbetrieb?

Am besten, indem sich die für das entsprechende Lehrverhältnis zuständigen Ausbildungsberater oder Ausbildungsberaterinnen meines Amtes mit den betroffenen Personen zusammen an einen Tisch setzen. Allerdings gilt strikte: Wenn Lernende oder Ausbildner mit Problemen an uns herantreten, behandeln wir diese vertraulich und gelangen nur mit ausdrücklicher Zustimmung an die Gegenpartei.

Haben Sie Empfehlungen für die Lehrbetriebe bezüglich Zusammenarbeit mit den Eltern der Lernenden?
Nehmen Sie sich selbst genügend Zeit und geben Sie wiederum interessierten Jugendlichen genügend Zeit im Rekrutierungs- bzw. Berufswahlprozess. Pflegen Sie während des Lehrverhältnisses einen aktiven und regelmässigen Austausch zum Ausbildungsverlauf, z.B. anhand des Bildungsberichtes. Gehen Sie auftretende Probleme offen an und respektieren Sie dabei die Lernenden als noch jugendliche und (lebens-)unerfahrene, aber dennoch vollwertige und eigenständige Mitarbeitende.

In welchen Situationen müssen die Lehrbetriebe die Eltern zwingend miteinbeziehen?
Bei minderjährigen Lernenden immer dann, wenn für eine rechtsverbindliche Handlung die Zustimmung der gesetzlichen Vertreter erforderlich ist, also insbesondere beim Lehrvertragsabschluss. Zudem bei auftretenden Problemen, da die Eltern gesetzlich verpflichtet sind, den Arbeitgeber in der Erfüllung seiner Aufgabe zu unterstützen und das gute Einvernehmen zwischen dem Arbeitgeber und der lernenden Person zu fördern.
Andererseits ist zu berücksichtigen, dass – rechtlich betrachtet – bei volljährigen Lernenden die Eltern nur noch mit Zustimmung der Lernenden einbezogen werden dürfen.

Wie sieht – in wenigen Worten – Ihr Fazit am Ende Ihrer 17-jährigen Tätigkeit als Berufsbildungschef aus?
Rund zwei Drittel der Jugendlichen steigen über die Berufsbildung ins Erwerbsleben ein. Ich bin glücklich und stolz, dass ich diesen wichtigen Bildungsweg in einem Kanton mitprägen durfte, in dem die duale Berufsbildung in der Gesellschaft, der Wirtschaft und der Politik einen schweizweit einzigartigen Stellenwert einnimmt. Und ich bin dankbar, dass ich mich dabei jederzeit auf das hervorragende Engagement der Lehrbetriebe verlassen konnte.

1.7.5 Berufsverbände

Die Schweiz ist das Land der Berufsverbände. Diese bilden die Brücke zwischen Wirtschaft und Staat. Der Staat definiert die Rahmenbedingungen, die Berufsverbände ergänzen inhaltlich, was deren branchenspezifische Interessen und Bedürfnisse sind. Dabei hat jede Branche ihren «eigenen Stallgeruch» – den Branchenfokus sozusagen. Deshalb ist es schon rein strategisch sinnvoll, sich als Unternehmen einem nationalen Berufsverband anzuschliessen. In jeder Branche gibt es zahlreiche öffentliche Güter oder Kollektivgüter, welche der einzelne oder das Unternehmen alleine nicht oder nur sehr schwer erstellen kann. Die duale Berufsbildung in der Schweiz ist zum Beispiel ein solches Kollektivgut.

Interview «Berufsverbände»

Vorname	Christoph
Name	Rotermund
Firma	SWISSAVANT
Funktion	Geschäftsführer
Webseite	swissavant.ch

Welche Kriterien sollten beachtet werden, bevor man sich als Unternehmen einem Berufsverband anschliesst?
Es gibt drei Bereiche, welche ein Berufsverband zwingend anbieten muss:
1. Der Verband sollte Trägerorganisation der entsprechenden Berufsbildung sein (so genannte Ausbildungs- und Prüfungsbranchen; in unserem Fall sind das deren vier: Eisenwaren, Haushalt, Elektrofach und Farben).
2. Der Verband sollte eine eigene AHV-Ausgleichskasse anbieten (AVG, BVG, Abrechnungsstelle, Familienausgleichskasse).

3. Der Verband braucht ein regelmässiges Informationsmedium (Amtsblatt), in welchem er die aktuellen Brancheninformationen und Marktgeschehnisse bündeln kann. Grundsätzlich gilt es zu sagen: sobald ein Verband einen hohen Organisationsgrad hat, ist das einzelne Unternehmen als Mitglied gut aufgehoben. Und: Je homogener der Berufsverband, desto effektiver ist dieser auch als Interessensgemeinschaft.

Gibt es Unternehmen, bei denen eine Verbandszugehörigkeit aufgrund der Betriebsgrösse oder anderer Faktoren keinen Sinn macht?
Jede Unternehmung sollte seine Verantwortung nicht nur für die eigenen Produkte und Mitarbeiter übernehmen, sondern auch für die Gesamtgemeinschaft, weil eben jede Unternehmung auch Teil der Gesamtgemeinschaft ist. Je grösser eine Unternehmung ist, desto autonomer kann man im Allgemeinen agieren, aber desto höher ist auch die sozialpolitische und gesellschaftliche Verantwortung. Umgekehrt gilt dann: Je kleiner eine Unternehmung, desto dringender und zwingender ist eine Mitgliedschaft.

«Swissavant – Wirtschaftsverband Handwerk und Haushalt» als Beispiel: Welches sind die drei wichtigsten Vorteile, die sich Verbandsmitgliedern bei Ihnen bieten?
Wir bieten eine qualitativ hochstehende Berufsbildung an. Alles, was das unternehmerische «Backoffice» anbelangt, erhalten unsere Mitglieder aus einer Hand. Wir bieten alle sozialen Institutionen (AVG, BVG, Abrechnungsstelle, Familienausgleichskasse), was insbesondere für Kleinbetriebe eine immense administrative Entlastung bedeutet. Zudem bieten wir mit unserer Verbandszeitschrift (Fachzeitschrift) einen stets aktuellen Informations- und Wissenspool. Wir veranstalten Branchenevents, Fachmessen und natürlich die

jährliche Generalversammlung. Wir bringen die Leute zusammen, damit sie sich austauschen und vernetzen können. Im Bereich E-Commerce profitieren unsere Mitglieder von nexmart. Damit kann praktisch jeder Händler kostenlos mit elektronischen Geschäftsprozessen starten.

Bieten Sie Ihren Mitgliedern auch Unterstützung zum Thema «Lernende»?
Alle in der Berufsbildung involvierten Parteien erhalten bei uns maximalen Support. Mit den Workshops «Fit für die Lehre» von Gregor Loser holen wir die Jugendlichen schon vor Lehrbeginn mit wertvollen Informationen an der Nahtstelle zum Berufsleben ab. Während der Lehrzeit haben unsere Mitglieder maximalen Support für das Thema Berufsbildung und für nach der Lehre bereiten wir die Lernenden mit der Publikation und den Workshops «Fit für den Berufsalltag» von Gregor Loser vor. Mit vorliegendem Buch bieten wir nun auch noch den zahlreichen Berufsbildnerinnen und Berufsbildnern Support im Themenbereich duale Grundbildung und Umgang mit Lernenden an.

1.8 Ihr persönliches Berufsbildungskonzept

> Unabhängig von den verschiedensten amtlichen Unterlagen ist es sehr sinnvoll, ein individuelles, auf Ihr Unternehmen und auf Ihre Bedürfnisse, Vorstellungen und Werte abgestimmtes Berufsbildungskonzept zu erstellen.

1.8.1 Unternehmens-Leitbild

Welche Vision, welches Ziel und welche Werte prägen das Unternehmen. Diese Fragen sollen im Unternehmens-Leitbild klar und einfach beantwortet werden. Es dient den Mitarbeitenden als Orientierungshilfe für das gemeinsame Arbeiten. Achten Sie beim Leitbild auf Einfachheit und Individualität. Ihr Leitbild soll ausschliesslich für Ihr Unternehmen gelten, auf dieses zugeschnitten und nicht beliebig austauschbar sein.

1.8.2 Berufsbildungs-Leitbild

Welche Vision, welches Ziel und welche Werte werden in Ihrem Unternehmen mit der Berufsbildung verfolgt? Diese Fragen sollen im Berufsbildungs-Leitbild klar und einfach beantwortet werden. Denken Sie auch hier bei der Formulierung wieder daran, dass es für Jugendliche geschrieben wird. Auch das bestehende Team kann in die Ausarbeitung der Leitbilder einbezogen werden.

1.8.3 Überprüfung und Evaluation Personalinstrumente Berufsbildungsstrategie

Die Berufsbildungsstrategie im Berufsbildungskonzept beantwortet folgende Fragen:
- Welches sind die genauen Ausbildungsinhalte?
- Welche Personen im Unternehmen sind in welcher Funktion verantwortliche Ausbildungspersonen und besitzen welche Kompetenzen und Pflichten (Stellenbeschrieb)?
- Welche Ausbildungsmethoden werden bevorzugt?
- Wie ist die Berufsbildung organisiert (Organigramm)?

1.8.4 Dokumentation der Lehrberufe

- In welche Phasen ist die berufliche Grundbildung gegliedert?
- Bildungsplan
- Einsatzplan

1.8.5 Reglemente

- Arbeitszeiten
- Abwesenheiten

- Verantwortlichkeiten
- Gehalt
- Informationen zur Ausbildung im Betrieb
- Knigge Berufsbildung

1.8.6 Weiterbildung

- Welche Weiterbildungen sind zu welchem Zeitpunkt obligatorisch?
- Welche Weiterbildungen können freiwillig absolviert werden?
- Wie werden die freiwilligen Weiterbildungen finanziert?

1.8.7 Diverse Dokumente

- In welcher Form wird das Praxisjournal geführt?
- Welche Checklisten kommen wann zum Einsatz?
- Welche Formulare werden für Beurteilungen, Probezeitgespräche etc. verwendet?

97

Teil 2

2.1 Tägliches Lernen als Denkhaltung

Seit mehr als fünfzehn Jahren darf ich verschiedene Personen- und Interessengruppen rund ums Thema Berufsbildung begleiten. Eine spannende Aufgabe, für die ich sehr dankbar bin.

In all meinen Referaten, Workshops und Gesprächen weise ich immer wieder darauf hin, dass auch ich ein Lernender bin, ein Lernender des Lebens. Oder mit anderen Worten: «auch ich habe die Weisheit nicht mit Löffeln gegessen».

Die Herausforderung, täglich daran zu arbeiten, ein Lernender des Lebens zu bleiben, gelingt mir manchmal besser, manchmal weniger. Lernen findet nämlich nicht nur an Schulen, während der dualen Grundbildung oder in Unternehmen statt. Lerngelegenheiten finden sich jederzeit. Oder besser gesagt: Lernen kann jeden Tag überall auf der Welt stattfinden. Es braucht drei wesentliche Grundlagen, damit dies so ist.

2.1.1 Wille

Um täglich kleine und grosse Lebens-Lernschritte zu erzielen, braucht es grundsätzlich einmal den eigenen Willen. Die Bereitschaft zu wollen, setzt sich nur dann nachhaltig in die Tat um, wenn sie geistig immer wieder erneuert wird. Mit anderen Worten: das vorherrschende Bewusstsein soll lauten: jeder erste Schritt beginnt mit einem «Wollen». Eine Möglichkeit, dies in den Alltag zu integrieren ist ganz einfach, immer wieder zu sich selbst zu sagen: «Ja, ich will.» Das gilt besonders für Berufsbildnerinnen und Berufsbildner. «Will ich nach bestem Wissen und Gewissen eine optimale Berufsbildungsperson sein?». Stellen Sie sich diese Frage immer wieder.

2.1.2 Aufmerksamkeit

Die Kunst, kleine und grosse Lern-Chancen im Alltag zu entdecken, liegt in der eigenen Aufmerksamkeit. Aufmerksamkeit zu pflegen, kann vor allem im Smartphone-Zeitalter schnell zu einer äusserst herausfordernden Aufgabe werden. Wer immer wieder unnötigen (meistens digitalen) Ablenkungen nachgeht, kann unmöglich aufmerksam sein und verliert damit eben auch die Möglichkeit, kleine und grosse Lern-Chancen im Alltag überhaupt zu erkennen. Es sind längst nicht mehr ausschliesslich Jugendliche, welche beispielsweise im Fastfood-Lokal zu viert am Tisch sitzen, jeder für sich mit dem eigenen Smartphone beschäftigt und nebenbei essen sie. Kommunikation findet ebenso nebenher und nur bruchstückhaft statt. Erwachsene machen ihnen das oftmals genau so vor. Aufmerksamkeit und Kommunikation sind sehr eng miteinander verbunden. Wer nicht aufmerksam ist, kann sich zu wenig auf die Kommunikation konzentrieren. Damit ist nicht nur die verbale, sondern vor allem auch die nonverbale Kommunikation gemeint. Gespräche werden beispielsweise nicht oder zu wenig vorbereitet, oder es wird keine Kommunikationsbereitschaft bzw. Ansprechbarkeit signalisiert. Gründe dafür gibt es genug, denn alle haben ja genug bis viel zu viel zu tun. Allerdings vergessen sie dabei: wer schlechte Gespräche führt, wird anschliessend meist noch mehr zu tun haben. Weil es Unklarheiten gibt, weil sich Menschen zu wenig ernst genommen fühlen, weil ungute Gefühle und Stimmungen entstehen, weil etwas zurückbleiben kann, das nicht gelöst ist etc.

2.1.3 Konzentration

Ist die nötige Aufmerksamkeit regelmässig gegeben, lassen sich bestimmt an vielen Orten und in zahlreichen Situationen Momente finden, von denen oder aus denen man etwas lernen kann. Sobald eine Lern-Chance entdeckt ist, gilt es, sich darauf zu konzentrieren und dran zu bleiben. Wenn Sie das konzentriert schaffen, kann am Ende des Prozesses die Freude darüber stehen, etwas Neues – grosses oder kleines – entdeckt oder gelernt zu haben. Mit dem Willen, achtsam und konzentriert immer wieder an sich selbst, an seinen eigenen Gedanken, an seiner eigenen Kommunikation, an seinen eigenen Tätigkeiten und Begegnungen mit Menschen im Lebensalltag zu arbeiten, ist eine gute Grundlage gegeben, sich zu einer optimalen Berufsbildungsperson zu entwickeln. Wer andere bildet, bildet vorzugsweise zuerst sich selbst. Damit meine ich nebst fachlichen Kompetenzen vor allem zwischenmenschliche und vorbildhafte Qualitäten.

Die optimale Berufsbildnerin oder der optimale Berufsbildner arbeitet im besten Fall täglich an dieser Berufs- und Lebenshaltung. In unserer sehr schnelllebigen Zeit, welche immer noch schneller zu werden scheint, kann diese Denkhaltung zu einem durchaus erfrischenden Lebenselixier werden. Mit der Zeit können Sie womöglich feststellen, dass es mit dieser geistigen Haltung bedeutend einfacher ist, mit verschiedenen Herausforderungen des Alltags – kleinen oder grossen, privaten oder geschäftlichen – umzugehen. Denn wenn Sie es so betrachten, dass Sie aus jeder Situation, jeder Begegnung, jedem Gespräch und jeder Handlungsweise etwas lernen können, haben Sie stets eine optimale Perspektive. Eine Perspektive, die davor bewahrt, etwas beispielsweise nur als negativ zu betrachten. Oder womöglich in das Hamsterrad der Frustration zu geraten. Eine Berufsbildungsperson ist ein Meister in Bildung. Wer bildet, sollte gebildet sein. Wer gebildet ist, nimmt Situationen und Fakten zur Kenntnis, analysiert diese, zieht Schlüsse daraus und lernt dazu. Diese Grundhaltung kann Sie davor bewahren, immer wieder in die kollektive Denkhaltung des Wertens zu geraten. Das wiederum ist für die tägliche Ausgeglichenheit eine zentrale Basis.

2.2 Meine Standortbestimmung

«Alles beginnt bei mir», so lautet eine der Kernbotschaften, welche ich den Schülern und Lernenden in den Workshops und Referaten jeweils mit auf den Weg gebe.

Eine alte und einfache Weisheit. Allerdings eine, die es in sich hat. Denn oftmals sind es die ganz einfachen Dinge, welche sich als sehr grosse Herausforderungen entpuppen. «Alles beginnt bei mir» ist zudem universell. Es gilt also nicht nur für Jugendliche, sondern genau gleich auch für Erwachsene. Deshalb folgt hier eine ausführliche Standortbestimmung im Sinne einer Eigenreflexion. Nehmen Sie sich genügend Zeit, diese wichtigen Fragen ganz genau durchzudenken. Zudem empfehle ich Ihnen, es nicht nur bei den Gedanken zu belassen, sondern diese auch ganz bewusst zu notieren. Es ist sinnvoll, diese Standortbestimmung von Zeit zu Zeit erneut durchzuführen, damit Sie immer wieder an die wichtigsten Fragen Ihrer Tätigkeit erinnert werden. Mit grosser Sicherheit stellen Sie sogar bedeutende Veränderungen fest. Entsprechende Vorlagen dazu finden Sie auf der Internetseite denkfit.ch.

Vorlage: denkfit.ch

2.2.1 Ich als Berufsbildungsperson

2.2.1.1 Aus welchen Gründen bilde ich Lernende aus?

2.2.1.2 Was habe ich persönlich davon, wenn ich Lernende ausbilde?

2.2.1.3 Welche Aufgaben als Berufsbildungsperson bereiten mir besondere Freude?

2.2.1.4 Welche Aufgaben als Berufsbildungsperson fallen mir eher schwer?

2.2.1.5 Welche Eigenschaften zeichnen die optimale Berufsbildungsperson aus?

2.2.1.6 Welche dieser Eigenschaften (siehe Punkt 2.2.1.5) zeichnen mich aus?

Vorlage: denkfit.ch

2.2.1.7 Was tue ich dafür, dass ich eine optimale Berufsbildungsperson bin?

2.2.2 Mein Betrieb

2.2.2.1 Aus welchen Gründen bildet mein Betrieb Lernende aus?

2.2.2.2 Welchen Stellenwert haben die Lernenden in unserem Betrieb?

2.2.2.3 Welchen Stellenwert haben Berufsbildungspersonen in meinem Betrieb?

2.2.2.4 Womit unterstützt mich mein Betrieb in meiner Rolle als Berufsbildungsperson?

2.2.2.5 Wo würde ich mir als Berufsbildungsperson von meinem Betrieb mehr Unterstützung wünschen und welche Unterstützung könnte das konkret sein?

2.2.3 Die Lernenden

2.2.3.1 Welche Eigenschaften zeichnen den optimalen Lernenden in meinem Betrieb aus?

2.2.3.2 Welche Erwartungen habe ich an meine Lernenden?

2.2.3.3 Welche Eigenschaften weisen meine (aktuellen) Lernenden aus?

> Empfehlung: Lesen Sie Kapitel 2.2.4 erst, wenn Sie die Standortbestimmung durchgeführt haben.

2.2.4 Beispiele

Was haben andere Berufsbildnerinnen oder Berufsbildner bei dieser Standortbestimmung festgehalten? Lesen Sie Beispiele dazu auf den folgenden Seiten.

Meine Auszeichnung

Was zeichnet die optimale Berufsbildnerin / den optimalen Berufsbildner aus?

Ausgeglichenheit
berechenbar
denkt positiv
ehrlich
einen roten Faden im Lehrverlauf
Empathie
Fachwissen
Fairness
fordern und nicht überfordern
Freude am Ausbilden
Freude, mit jungen Menschen zu arbeiten
Führungsqualitäten
Geduld
geradlinig
gute Kommunikationsfähigkeit
Interesse
kompetent
konsequent

motivierend
nimmt sich Zeit
offen
offen für Neues
offenes Ohr
positiv
positive Ausstrahlung
positive Einstellung gegenüber Lernenden
positive Grundhaltung
Sozialkompetenz
stärkt Stärken und unterstützt beim Umgang
mit Schwächen
Verständnis und Wertschätzung
Vertrauen schaffen
vertrauensvoll
von der Tätigkeit überzeugt
Vorbild sein
Wertschätzung
zielorientiert
zugänglich

Mein Beitrag

Was tun Sie dafür, dass Sie ein optimaler Berufsbildner / eine optimale Berufsbildnerin sind?

Alle ziehen am gleichen Strick
Auch ich bin eine Lernende
Austausch mit Chef
Empathie
Fair sein, aber auch eine Linie haben
Freude am Beruf vermitteln
Geduld haben
Genug Zeit einplanen, genug Zeit nehmen
Ich arbeite gerne mit jungen Menschen
Ich arbeite zielorientiert
Ich biete Abwechslung
Ich bilde mich weiter
Ich bin ausgewogen
Ich bin geduldig
Ich bin innovativ
Ich bin kontaktfreudig
Ich bin motiviert
Ich denke positiv

Ich erkläre ausführlich und genau
Ich ermögliche Weiterbildungen
Ich fördere das Zwischenmenschliche
Ich gehe auf Lernende zu, mache den ersten Schritt
Ich habe sattelfeste Fachkenntnis
Ich integriere die Lernenden ins gesamte Team
Ich kritisiere konstruktiv
Ich mache regelmässig Eigenreflexionen
Ich nehme Kritik auch an
Ich nehme meine Verantwortung wahr
Ich nehme mir Zeit
Ich stehe zu den eigenen Schwächen
Ich tausche mich mit anderen Berufsbildungspersonen aus
Ich tausche mich mit den Lernenden regelmässig aus
Ich überlaste Lernende nicht
Ich zeige Interesse
Ich zeige Verständnis
Ich ziehe Lernende wenn möglich in Entscheidungen mit ein
Klare Zielvorgaben

Kontrollieren, korrigieren
Motivation für den Beruf
Offene, ehrliche Kommunikation
So oft wie möglich loben
Verständnis aufbringen
Vorbild
Weiterbildung

Meine Erwartungen

Was erwarten Sie von Ihren Lernenden?

Dass zugehört wird, wenn etwas erklärt wird
Einhalten der Vorgaben
Einsatzbereitschaft
Ehrlichkeit
Eigeninitiative
Einfühlungsvermögen gegenüber den Kundinnen und Kunden
Fleiss
Freude
Freude am Beruf haben

- Freude am Lernen haben
- Gute Schulnoten
- Gute Selbsteinschätzung
- Hilft mit
- Interesse
- Kritik annehmen
- Kritik ausüben
- Lernwillig
- Mitdenken
- Motivation
- Neugier
- Pflichtbewusstsein
- Pünktlichkeit
- Respektvoll
- Offenheit
- Teamfähigkeit
- Trägt aktiv zu einem guten Arbeitsklima bei
- Verantwortung übernehmen
- Wille, die Lehre durchziehen zu wollen
- Zuverlässigkeit

Die Lernenden

Welche Eigenschaften zeichnen den optimalen Lernenden / die optimale Lernende aus?

Anstand
denkt mit
denkt positiv
Ehrlichkeit
Eigeninitiative
Einsatzbereitschaft
fleissig
fragt nach, wenn er etwas nicht verstanden hat
Freude am Lernen
Freundlichkeit
Interesse am Beruf
kann sich gut selbst einschätzen
kommunikativ
kritikfähig
Motiviert
neugierig
offen
Reflektiert offen

stellt Fragen
Teamfähigkeit
Verantwortungsbewusstsein
wissbegierig
zeigt Freude
zeigt Willen
zielorientiert
zuverlässig

2.3 ICH als Berufsbildungsperson

Die Bezeichnung «Lehrmeister» wurde in der Schweiz offiziell abgeschafft, doch wird sie in vielen Betrieben in der Umgangssprache noch immer verwendet.

Ich persönlich finde die Bezeichnung sehr schön. Denn der Lehrmeister ist der Meister der Lehre. Er ist der Meister seines Fachs. Er führt in die Meisterschaft.

2.3.1 Der Lehrmeister ist der Meister der Lehre

Der Lernende weiss zu Beginn der Lehre nicht, was auf ihn zukommt. Er weiss nicht, was ihn erwartet und was er braucht, um am Ende der Lehre «seinen Rucksack» so gefüllt zu haben, dass er alle an seinen Beruf gestellten Anforderungen erfüllen kann. Der Lehrmeister hingegen schon. Er kennt die einzelnen Etappen, er weiss Bescheid, wo es mehr Aufmerksamkeit braucht oder wo allenfalls etwas schneller vorangeschritten werden kann. Er kennt die Ziele, den Zeithorizont und hat allenfalls schon Erfahrung mit anderen Lernenden gemacht. Meister der Lehre zu sein bedeutet nicht zwingend, dass ich als Berufsbildungsperson die gleiche Lehre ebenfalls absolviert habe. Es ist sicher kein Nachteil, aber es ist nicht Voraussetzung. Denn als Meister der Lehre habe ich den Gesamtüberblick. Dafür bin ich verantwortlich und zuständig. Der Lernende darf und soll das wissen und spüren. So kann er Vertrauen aufbauen. Vertrauen ist für ein optimales Verhältnis zwischen Lernenden und Berufsbildungspersonen eine grundlegend wichtige Voraussetzung für ein gutes Gelingen. Ein optimales Verhältnis wiederum ist eine entscheidende Grundlage für eine freudvolle Zusammenarbeit während der Lehrzeit.

2.3.2 Der Lehrmeister ist der Meister seines Fachs

Der Lehrmeister weiss, wovon er spricht. Und weiss er es einmal nicht, dann ist das kein Weltuntergang. Ganz im Gegenteil. Das ist eine sehr gute Möglichkeit, Authentizität zu zeigen und damit sehr viel Achtung zu gewinnen. In solchen Situationen ist es enorm wichtig, ehrlich sein zu können. Die meisten Jugendlichen haben – wissentlich oder unbewusst – ein exzellentes Gespür für Ehrlichkeit und Authentizität. Ehrlich sein bedeutet bekanntlich nicht, immer alles sagen zu müssen. Aber das, was ich sage, das stimmt. Dies gilt ohne Ausnahme. Ebenso bieten solche Situationen die Möglichkeit, dem Lernenden zu zeigen, wie vorzugehen ist, wenn man eben einmal etwas nicht weiss. Kein Mensch kann alles wissen. Aber es ist wichtig zu lernen, wo man die gesuchten Informationen beschaffen kann.

2.3.3 Der Lehrmeister führt in die Meisterschaft

Meisterschaft ist die Folge von Leistungsbereitschaft, von Lernprozessen, von Gelingen und Misslingen, von Motivation, von Begeisterung, von Freude. Ein Meister ist voller Freude über das Erreichte. Und er ist stolz. Sind Sie ein stolzer Lehrmeister oder eine stolze Lehrmeisterin?

Ich möchte Sie ermutigen, hier kurz innezuhalten und einmal etwas genauer über diese Frage nachzudenken.

2.3.4 Worauf bin ich als Lehrmeister – auf mich und meine Arbeit bezogen – stolz?

Eine Ihrer Aufgaben als Lehrmeisterin, Lehrmeister oder eben Berufsbildungsperson besteht darin, Lernende so zu begleiten, dass sie auf der «Entdeckungsreise» durch die Lehre immer wieder mit Begeisterung und Freude neue Erkenntnisse und Fortschritte erzielen können. Dazu braucht es jedoch nicht nur Sie als Berufsbildungsperson. Natürlich braucht es dazu auch Ihre Lernenden. Aber beide als Gemeinschaft, als begeistertes Team. Führen Sie Ihre Lernenden so, dass sie selbst auch einen «gesunden» Stolz entwickeln können. Auf sich selbst, auf das Geleistete, auf das Unternehmen und im Optimalfall auch auf Sie als Lehrmeisterin oder Lehrmeister.

2.4 Wichtige Eigenschaften für Berufsbildungspersonen

Berufsbildungspersonen sollten zu ihrer Tätigkeit berufen sein. Junge Menschen sind das grosse Zukunftspotenzial unserer Gesellschaft und es gilt, dieses Potenzial wohlbesonnen zu entwickeln, zu fördern und im Leben weiter zu führen.

Berufsbildungsperson zu werden, nur weil einfach keine andere oder kein anderer da war, das darf nicht sein. Ausser es entwickelt sich aus der zufälligen Abberufung eine echte und begeisterte Berufung.

Folgende Eigenschaften sollten bei einer Berufsbildungsperson besonders ausgeprägt sein:

2.4.1 Seien Sie ansprechbar!

Signalisieren Sie im Arbeitsalltag bei allen Begegnungen, dass Sie immer da sind, wenn etwas nicht klar ist. Innere Ausgeglichenheit und Ruhe ist dazu eine sehr wichtige Grundlage. Wenn Sie gehetzt durch die Gänge rennen, trauen sich viele Jugendliche nicht, Sie bei Fragen oder Problemen anzusprechen. So entsteht bei den Jugendlichen oft subjektiv das Gefühl, dass die Berufsbildungsperson sowieso nie Zeit hat. Sie wollen dann eben allenfalls nicht stören, wenn sie merken, dass Sie bereits gestresst sind.

2.4.2 Seien Sie aufmerksam!

Hektik im Alltag ist einer der grössten Feinde von Aufmerksamkeit. In der Hektik werden wesentliche Aspekte leicht übersehen. Hektik dient oft auch als Ausrede, nicht genau hinschauen zu wollen oder zu müssen. Schauen Sie genau hin. Schauen Sie mit grösster Aufmerksamkeit hin und betrachten Sie vor allem stets den ganzen Menschen und die Gesamtsituation. Ärzte sprechen in diesem Zusammenhang vom «klinischen Blick». Das bedeutet, dass die Befundaufnahme schon beginnt, wenn der Patient ins Sprechzimmer tritt. Was für eine Körperhaltung hat er? Wie ist sein Gang? Wie sind sein Händedruck und sein Blickkontakt dabei? Welche Worte wählt er? Wie formuliert er sich und wie hört sich seine Stimme an?

Sie sind vermutlich nicht Arzt und stellen auch keine Diagnose bei Ihren Lernenden. Dennoch können Sie diese Methode in Ihrem Alltag nutzen. Betrachten Sie Ihre Lernenden immer wieder sehr aufmerksam in Bezug auf:

- Auftreten
- Körperhaltung
- Gesichtsausdruck
- Augenausdruck
- Hautzustand
- Kleidung
- Mündlicher Ausdruck

Gehen Sie jetzt aber auf keinen Fall die ganze Zeit hin und teilen Sie den Lernenden Ihre Beobachtungen mit. Einfach wahrnehmen und zur Kenntnis nehmen. Dies kann durchaus dienlich sein, um gewisse Verhaltensweisen besser zu verstehen oder einordnen zu können.

2.4.3 Seien Sie ausgeglichen!

In meinen Workshops mit Lernenden erfahre ich aus den verschiedensten Schilderungen oft sehr interessante Ansichten von jungen Menschen. Immer wieder höre ich von Lernenden, dass sie sehr unter der Launenhaftigkeit ihrer Vorgesetzten leiden. Das ist auch verständlich. Schliesslich haben die allermeisten Menschen in ihrem Berufs- und Lebensalltag viel lieber mit Leuten zu tun, welche gut gelaunt und freundlich sind. Wenn Sie sich jetzt denken, dass die Launenhaftigkeit Ihrer Lernenden manchmal auch nicht gerade einfach zu ertragen ist, erinnern Sie sich an den Leitsatz «Alles beginnt bei mir». Mehr dazu dann aber im Themenbereich «Vorbildfunktion von Berufsbildungspersonen» ab Seite 174. Eine optimale Berufsbildungsperson zeichnet sich durch möglichst konstante Ausgeglichenheit aus.

2.4.4 Seien Sie berechenbar!

Berechenbarkeit kann Vertrauen schaffen und Angst verhindern. Wenn Ihre Lernenden Sie, Ihre Handlungen und Ihre Reaktionen einschätzen können, profitieren beide Parteien gleichermassen. So kann Vertrauen wachsen.

2.4.5 Seien Sie ehrlich!

Johann Wolfgang von Goethe sagte: «Und wollt ihr euch erklären, so nehmt nicht Brei ins Maul». Gelebte Ehrlichkeit wäre wohl für alle Menschen eine wichtige Eigenschaft, für Berufsbildungspersonen aber eine der wichtigsten. Denken Sie daran: Sie arbeiten mit jungen Menschen, welche Orientierung suchen, welche sich Eigenschaften aneignen wollen, weil sie diese entweder noch nicht kennen oder weil sie eben auf der Suche nach Festigung bestimmter Eigenschaften sind. Insofern haben Sie als Berufsbildungsperson auch hier eine besonders grosse Verantwortung. Nicht nur für Ihre Lernenden, sondern auch für die Gesellschaft. Denn was, wenn die Lernenden von heute nicht unsere Gesellschaft von morgen mitprägen?

Ist es unabdingbar, immer ehrlich zu sein? Die Antwort ist klar: Ja. Wie erwähnt, es muss nicht immer alles gesagt werden, doch das, was gesagt wird, muss ehrlich sein. Wenn Sie jetzt denken, dass Ehrlichkeit manchmal weh tut, dann kann das durchaus sein. Wenn Sie von Anbeginn der Lehre mit Ihren Lernenden eine wertschätzende, klare und stets nachvollziehbare Kommunikation pflegen, dann kann sie auch ehrlich sein, ohne weh zu tun. Manchmal braucht Ehrlichkeit einfach eine gehörige Portion Einfühlungsvermögen. Ehrlichkeit braucht bisweilen auch ein wenig Konstruktivität: also sagen Sie etwas ehrlich, präsentieren Sie jedoch gleichzeitig einen Optimierungs- oder Änderungsvorschlag.

2.4.6 Seien Sie einfühlsam (Empathie)!

Vergleichen Sie immer mal wieder Ihr Alter mit dem Ihrer Lernenden. Bedenken Sie dann dabei, wie viele Jahre Lebenserfahrung Sie haben und wie viele Ihre Lernenden. Machen Sie sich diesen Unterschied immer wieder bewusst. Fragen Sie sich, wie Sie es erreichen könnten, dass Ihre Lernenden eigene spannende und neue Erfahrungen machen können. Denken Sie darüber nach, wo Ihre Lernenden von Ihrer Erfahrung profitieren können. Das brauchen Sie den Lernenden nicht zwingend unter die Nase zu reiben. Aussagen wie «... das hab ich schon oft genug erlebt ...» sind meist weder konstruktiv noch hilfreich. Jeder Mensch muss seine Erfahrung selbst machen. Das ist ein wichtiger Fakt, der insbesondere im Bildungswesen grosse Bedeutung hat, viel zu oft aber vergessen geht. Denn das Machen von eigenen Erfahrungen kann wieder neu motivieren. Fühlen Sie sich also regelmässig in die Situation und das Leben Ihrer Lernenden ein. Denken Sie ab und zu darüber nach, welche Herausforderungen sich heutzutage einem Jugendlichen im Alter von etwa 15 bis 20 Jahren stellen und dann erinnern Sie sich in Gedanken zwischendurch zurück, welche Herausforderungen Ihr Lebensalltag in diesen jungen Lebensjahren für Sie mit sich brachte.

Versuchen Sie immer wieder, die Gedanken, Empfindungen und Emotionen Ihrer Lernenden zu erkennen und zu deuten.

Seien Sie sich jedoch stets bewusst, dass das, was Sie mit Ihren Lernenden erleben und von ihnen wahrnehmen, nur ein Teil eines Ganzen ist.

2.4.7 Seien Sie freundlich!

Wie schon erwähnt, verunsichert die Launenhaftigkeit ihrer Ausbildner viele Jugendliche. Es gehört zur Professionalität dazu, dass grundsätzliche Freundlichkeit eine tägliche Selbstverständlichkeit ist. Das beste Mittel, möglichst oft auf freundliche Menschen zu treffen, ist selbst freundlich zu sein. Die Freundlichkeit soll echt sein und sie soll für alle gelten: Vorgesetzte, Mitarbeitende, Angestellte, Lernende und Kundinnen und Kunden.

2.4.8 Seien Sie geduldig!

Ein Lernender heisst deshalb Lernender, weil er da ist, um etwas zu lernen. Geduld ist eine wesentliche Voraussetzung, um ein angenehmes, vertrauensvolles und konstruktives Lernklima zu erschaffen. Ist die Berufsbildungsperson nicht geduldig, traut sich der Lernende irgendwann nicht mehr zu fragen. Geduld kann man jeden Tag in verschiedenen Situationen trainieren. Am Morgen im Strassenverkehr, beim Ausbleiben eines dringenden Lieferantenrückrufs, am Mittag in der Mensa beim Anstehen oder am Abend, wenn es im Stossverkehr wieder nach Hause geht. Geduld und Ausgeglichenheit hängen direkt miteinander zusammen. Je ausgeglichener Sie sind, desto einfacher kann Geduld gelebt werden.

2.4.9 Seien Sie interessiert!

Echtes Interesse an der Arbeit und an der Entwicklung Ihrer Lernenden ist zentral. Jugendliche haben für Echtheit sehr feine Antennen. Die meisten spüren bewusst oder unbewusst sofort, wie ehrlich es jemand meint. Am besten funktioniert diese Echtheit, wenn Sie selbst Fan sind von dem, was Sie tun. Dann ist es bedeutend einfacher, echtes Interesse zu zeigen (siehe auch Abschnitt «Seien Sie ehrlich!» auf Seite 129).

2.4.10 Seien Sie kommunikativ kompetent!

Wählen Sie Ihre Worte bewusst. Machen Sie klare Ansagen, erteilen Sie klare Aufträge und fragen Sie bei einem Auftrag immer nach, ob der Auftrag auch verstanden wurde. Wenn einige Leser jetzt denken, das kennen sie aus dem Militär, dann stimmt das. Es soll sich aber weder nach militärischem Ton noch nach militärischer Stimmung anfühlen. Im Gegenteil: es kann zu einem richtigen Ritual werden, alle Aufträge vom Lernenden wiederholen zu lassen. Dabei kann er auch eine gehörige Portion Kommunikationskompetenz dank täglichem Training erlangen.

2.4.11 Seien Sie offen für Neues!

Erfahrungen sind richtig und wichtig. Es tut aber gut, ab und zu einfach ganz unvoreingenommen an eine Situation oder Sache heranzugehen. Jugendliche bringen ja oftmals neue Ideen. Seien Sie diesbezüglich offen und setzen Sie sich mit

den Ideen ganz offen auseinander. Offen sein bedeutet auch, die Ideen von Jugendlichen ernst nehmen zu können. Das tut den jungen Menschen gut. Ich erinnere mich an eine Firma, welche Preise vergibt, wenn jemand irgendwelche Prozesse im Unternehmen optimieren kann. Ein solcher Preis ging kürzlich an eine Lernende.

2.4.12 Seien Sie verständnisvoll!

Als Berufsbildungsperson haben Sie die wichtige Aufgabe, für alle verschiedenen Typen von Jugendlichen quasi ein Patentrezept für deren Förderung bereit zu haben. Gerne zitiere ich hier den Schriftgelehrten Abbas Effendi (1844 bis 1921), welcher dies mit einem schönen Vergleich beschreibt: «Die Arbeit des Erziehers gleicht der eines Gärtners, der verschiedene Pflanzen pflegt. Eine Pflanze liebt den strahlenden Sonnenschein, die andere den kühlen Schatten; die eine liebt das Bachufer, die andere die dürre Bergspitze. Die eine gedeiht am besten auf sandigem Boden, die andere in fettem Lehm. Jede muss die ihrer Art angemessene Pflege haben, andernfalls bleibt ihre Vollendung unbefriedigend.»

2.4.13 Seien Sie vertrauensvoll!

Aussagen wie «Du kannst mir vertrauen» haben wenig Fundament. Vertrauen muss wachsen. Vertrauen kann sich nur entwickeln, wenn die Lernenden immer wieder die Erfahrung machen, dass sie der Berufsbildnerin oder dem Berufsbildner eben in jeder Lernsituation vertrauen können.

2.4.14 Seien Sie vorbildlich!

Als Berufsbildungsperson werden Sie von Ihren Lernenden genaustens beobachtet. Diese Beobachtungen beziehen sich aber längst nicht nur auf Ihre Tätigkeit und Ihr Fachwissen, sondern auch auf Ihr grundsätzliches Verhalten im Berufsalltag: welche Denkhaltung legen Sie an den Tag? Wie gehen Sie mit schwierigen Situationen um? Wie behandeln Sie andere Mitarbeitende im Betrieb, Kunden, Chefs oder Lieferanten? Denken Sie dran, Ihre Vorbildrolle ist zwingend ganzheitlich. Das ist eine grosse, aber wichtige Aufgabe. Mehr zum Thema «ICH und meine Vorbildfunktion» im Kapitel 2.14 ab Seite 174.

2.4.15 Seien Sie wertschätzend!

Wertschätzung ist eine wichtige Grundhaltung. Sie beginnt beim Denken, geht über die Kommunikation und bringt dann womöglich wertschätzende Begegnungen mit sich. Wer anderen Menschen Wertschätzung entgegenbringen will, sollte am besten bei sich selbst beginnen. Sich selbst zu schätzen heisst wiederum, sich mit sich selbst auseinanderzusetzen. Auch hier ist eine grundlegende Analyse von Stärken und Schwächen eine zentrale Basis. Denken Sie aber daran: Schwächen sind dazu da, um daran zu arbeiten, sofern man das möchte. Schwächen sind jedoch keineswegs dazu da, um sich runterziehen zu lassen.

2.4.16 Seien Sie zielorientiert!

Auf die Frage, was Jugendliche motiviert, höre ich oft: «Ziele erreichen». Nutzen Sie die Chance und zeigen Sie den jungen Berufsleuten auf, wie man sich Ziele setzt, dass man sich freuen kann, wenn man sie erreicht und was zu tun ist, wenn man sie mal nicht erreicht. Eine gründliche Planung (siehe dazu auch Kapitel 1.5 ab Seite 63) erleichtert hier vieles. Zeigen Sie den Jugendlichen auch auf, wie man einfache Planungen macht. Das lernen sie in dieser Form selten während der obligatorischen Schulzeit.

2.4.17 Ihre wichtigen Eigenschaften im Überblick

- Ansprechbarkeit
- Aufmerksamkeit
- Ausgeglichenheit
- Berechenbarkeit
- Ehrlichkeit
- Einfühlungsvermögen (Empathie)
- Geduld
- Interesse
- Kommunikationsfähigkeit
- Offenheit
- Verständnis
- Vertrauen
- Vorbild
- Wertschätzung
- Zielorientierung

2.5 Wichtige Tätigkeiten von Berufsbildungspersonen

In Ihrer Tätigkeit als Berufsbildnerin oder Berufsbildner üben Sie viele verschiedene Rollen aus. Das macht Ihre Aufgabe einerseits sehr abwechslungsreich und spannend, andererseits ist das aber auch immer wieder eine grosse Herausforderung.

Folgende Handlungen sind als Berufsbildnerin oder Berufsbildner besonders wichtig:

2.5.1 Entwicklung dokumentieren

Das Dokumentieren der Entwicklung ist für Sie als Berufsbildungsperson eine wichtige Tätigkeit. So wissen Sie, wo Ihre Lernenden stehen und was noch zu tun ist. Dokumentieren Sie aber auch für Ihre Lernenden und machen Sie diesen die Dokumentation zugänglich. Denn wenn die jungen Leute schriftlich sehen können, wo sie sich verändert respektive verbessert haben, motiviert das.

2.5.2 Grenzen setzen

Wenn Sie Grenzen setzen, zeigen Sie Ihren Lernenden den Spielraum auf. Das brauchen die jungen Menschen. Je klarer sie wissen, wo die Grenzen sind, desto besser können sie sich orientieren. Das gilt für das gesamte Verhalten im Unternehmen.

2.5.3 Kontrollieren

Wenn Sie Grenzen setzen, wenn Sie Aufträge erteilen, kontrollieren Sie auch. Der Mensch ist grundsätzlich ein bequemer Zeitgenosse. Was nicht kontrolliert wird, geht häufig verloren oder vergessen. Trainieren Sie Ihre Lernenden dahingehend, dass alles, was gefordert wird, auch kontrolliert wird. Damit erschaffen Sie sich automatisch eine grosse und wichtige Glaubwürdigkeit.

2.5.4 Mitspracherecht gewähren

Definieren Sie die Partizipationsmöglichkeiten und teilen Sie diese Ihren Lernenden mit. Ein beliebtes Modell dazu ist das dreistufige Kreismodell:

Innerer Kreis (rot)

Nicht verhandelbar, keine Mitsprache, wird von den Vorgesetzten direkt bestimmt

Mittlerer Kreis (gelb)

Teilweise Mitsprachemöglichkeit

Äusserer Kreis (blau)

Grosse Mitsprache- und Mitgestaltungsmöglichkeit mittels Projektgruppen

Es ist wichtig, dass dieses Modell allen klar ist und dass alle wissen, dass dieses Modell in jedem Fall Gültigkeit hat. Das Verständnis für das Modell soll bei den Lernenden gefördert und dann und wann auch überprüft werden. So erkennen sie, dass Mitarbeit geschätzt und erwünscht ist, dass es aber auch Bereiche gibt, welche von den Berufsbildungspersonen oder von der Unternehmensführung im Alleingang entschieden werden müssen. Die Gründe hierfür können vielseitig sein. Wichtig ist, dass Sie das Modell nicht einfach «verordnen», sondern eben erläutern und das Bewusstsein dafür fördern.

2.5.5 Motivieren

Motivation durch Erreichen von Zielen: Legen Sie gemeinsam oder im Alleingang Ziele fest, kommunizieren Sie diese und loben Sie, wenn die Ziele erreicht wurden. Das können ganz kleine Tagesziele oder auch langfristige Wochen-, Monats- oder Jahresziele sein. Wichtig: es braucht jemanden, welcher begleitet und kontrolliert. Das ist eine der zahlreichen Aufgaben von Ihnen als Berufsbildnerin oder als Berufsbildner.

2.5.6 Ordnung einfordern

Jugendliche haben gelegentlich Mühe damit, Ordnung zu halten. Fordern Sie Ordnung ein. Ordnung begünstigt die Konzentration. Ordnung schafft Raum und Ruhe. Machen Sie das den Jugendlichen bewusst. Zeigen Sie ihnen zuerst, welche Ordnung Sie sich wo wünschen und kontrollieren sie diese regelmässig. Mit der Zeit werden sich die Lernenden daran gewöhnen und es schätzen. Es bedingt aber, dass auch Sie an Ihrem Arbeitsplatz die gleiche Ordnung halten.

2.5.7 Regeln: klar und konsequent

Wenn Sie Regeln aufstellen, kontrollieren Sie deren Einhaltung und ahnden Sie Verstösse nötigenfalls auch in aller Konsequenz. Sonst nützen die Regeln nichts. Bevor Sie eine Regel aufstellen, überlegen Sie sich sehr gut, warum sie dies tun. Kommunizieren Sie anschliessend klar.

2.5.8 Selbstbewusstsein stärken

Der Schein trügt oft, denn viele Jugendliche haben nicht das starke Selbstbewusstsein, welches sie gerne hätten. Seit mehr als zehn Jahren ist mein Workshop «Selbstbewusst auftreten und erfolgreich präsentieren» für Lernende ein Dauerbrenner. Dabei stelle ich zu Beginn immer die Frage, weshalb sich die Jugendlichen angemeldet haben. «Ich möchte gerne an meinem Selbstbewusstsein arbeiten und mehr davon haben» lautet in fast allen Fällen die Antwort. Selbstbewusstsein heisst: Ich weiss, was ich kann und ich weiss, was ich nicht kann. Die Auseinandersetzung mit Stärken und Schwächen ist hierbei ein zentrales Thema. Dabei sollen sich die Jugendlichen keinesfalls ausschliesslich auf fachliche Stärken und Schwächen konzentrieren. Auch hier ist eine ganzheitliche Betrachtungsweise sehr wichtig.

Wenn ich weiss, was ich kann …

… kann ich mir selbst vertrauen. Wenn ich mir selbst vertrauen kann, habe ich Selbstvertrauen, habe ich Sicherheit, habe ich Selbstsicherheit, habe ich Selbstbewusstsein.

Als Berufsbildungsperson unterstützen Sie die Jugendlichen nicht, indem Sie ihnen sagen, wie gut und schön und super sie sind. Leider tun dies in vielen Fällen schon die Eltern. Ziele setzen, Ziele erreichen, Erfolg haben etc. – all das fördert die Sicherheit und damit letztendlich das Selbstbewusstsein. Hier können Sie als Berufsbildnerin oder Berufsbildner sehr viel und wertvolle Unterstützungsarbeit leisten.

2.5.9 Verträge abschliessen

Kleine und grosse Vereinbarungen können Sie untermauern und ihnen zusätzliche Bedeutung geben, wenn Sie eine kleine Vereinbarung aufsetzen und diese im motivierenden Sinne gegenseitig unterzeichnen.

2.5.10 Wenig drohen, mehr loben

Drohen ist meistens ein Zeichen von Schwäche in verschiedenen Bereichen. Vergessen Sie Drohungen. Zeigen Sie den Jugendlichen vielmehr die Zusammenhänge auf, erklären Sie ihnen, was warum wie ausgeführt wird und welchen Sinn es hat. Sie wissen: Lob tut immer allen gut. Lob können auch alle immer wieder sehr gut gebrauchen. Allerdings ist es elementar, dass das Lob ehrlich und fundiert ist.

Übrigens apropos Lob: **Ein «aber» zerstört jedes Lob.** Hüten Sie sich davor, zu loben und dann in der Kommunikation gleich schon den nächsten Steigerungs- oder Optimierungsschritt anzusprechen. Echt und voller Freude loben. Dann stehen und geniessen lassen.

2.5.11 Ihre wichtigen Tätigkeiten im Überblick

- Entwicklung dokumentieren
- Grenzen setzen
- Kontrollieren
- Mitspracherecht gewähren
- Motivieren
- Ordnung einfordern
- Regeln: klar und konsequent
- Selbstbewusstsein stärken
- Verträge abschliessen
- Wenig drohen, mehr loben

2.6. Meine Motivation

Viele predigen Motivation. Noch mehr von ihnen tun sich selbst immer wieder einmal schwer, die nötige Motivation aufzubringen. Wo kommt Motivation her? Warum haben die Einen immer wieder Mühe, sich zu motivieren, Anderen wiederum scheint Motivation geradezu im Überfluss zur Verfügung zu stehen.

Gerne lade ich Sie ein, an dieser Stelle Ihre Motivation in aller Ruhe zu überdenken.

Vorlage: denkfit.ch

2.6.1 Was nimmt Ihnen Motivation? Notieren Sie bitte auf den folgenden Zeilen Ihre persönlichen Motivations-Killer.

....
....
....
....

2.6.2 Was gibt Ihnen Motivation? Notieren Sie bitte auf den folgenden Zeilen Ihre persönlichen Motivations-Macher.

Vorlage: denkfit.ch

> Empfehlung: Lesen Sie Kapitel 2.6.3 erst, wenn Sie die Standortbestimmung durchgeführt haben.

2.6.3 Beispiele

Was haben andere Berufsbildnerinnen oder Berufsbildner bei «meine Motivation» festgehalten? Lesen Sie Beispiele dazu auf den folgenden Seiten.

2.6.3.1 Was nimmt Ihnen Motivation?

Absenzen
Administrative Arbeiten
Blockaden
Desinteresse
Demotiviertes Verhalten
Egoismus
Fehlender Erfolg trotz viel Einsatz
Fehlendes Mitdenken bei der Arbeit
Fehlende Unterstützung
Gleichgültigkeit
Intrigen
Keine Anerkennung
Keine Dankbarkeit
Kein Fortschritt
Keine Motivation
Krankheit / Unfall
Missgunst
Nörgeln
Lehrling immer am Handy
Lehrling ist demotiviert

Lehrling hört nicht richtig zu
Lügen
Monotone Arbeiten
Negatives Denken
Nicht verstanden werden
Persönliche Ziele nicht erreichen
Respektlosigkeit
Schlechtes Umfeld
Schlecht gelaunte Menschen
Schlechte Noten
Schlechte Kommunikation
Schlechte Stimmung im Team
Stress
Unehrlichkeit
Ungeliebte Arbeiten
Ungerechtigkeit
Unzuverlässigkeit
Verzögerte Abläufe
Wenn Arbeit nicht geschätzt wird

2.6.3.2 Was gibt Ihnen Motivation?

Abwechslung
Anerkennung
Anspruchsvolle und interessante Arbeiten
Begeisterung beim Lernenden
Ehrlichkeit
Eigene Ideen einbringen
Eigeninitiative bei Lernenden
Einsatzbereitschaft
Erfolge teilen
Ergebnisse
Ferien
Fleiss
Fortschritt der Arbeiten
Fragende Lernende
Freude an der Arbeit
Freude am Beruf
Fröhliche Menschen
Fröhlichkeit
Gute Aufnahmefähigkeiten
Guter Arbeitsablauf

- Gute Laune
- Gute Noten
- Gutes QV
- Interesse
- Kommunikation
- Lachen
- Lob
- Motivierte Lernende
- Offene Kommunikation
- Offenheit
- Positives Feedback
- Teamarbeit
- Unterstützung
- Viele Fragen
- Weiterentwicklung findet statt
- Wertschätzung
- Wissen weitergeben können
- Ziel vor Augen
- Zufriedene Kunden
- Zufriedener Chef
- Zusammenarbeit mit jungen Menschen

2.7 Meine Freude

Gemäss Studien ist unser Gehirn in einem positiven Zustand ein Drittel leistungsfähiger und produktiver als in negativem. Demnach lohnt es sich, dass Sie sich mit dem Thema Freude etwas genauer beschäftigen.

2.7.1 Was nimmt Ihnen Freude? Notieren Sie bitte Ihre persönlichen Freude-Killer auf den folgenden Zeilen.

2.7.2 Was macht Ihnen Freude? Notieren Sie bitte Ihre persönlichen Freude-Macher auf den folgenden Zeilen.

Vorlage: denkfit.ch

> Empfehlung: Lesen Sie Kapitel 2.7.3 erst, wenn Sie die Standortbestimmung durchgeführt haben.

2.7.3 Beispiele

Was haben andere Berufsbildnerinnen oder Berufsbildner bei «meine Freude» festgehalten? Lesen Sie Beispiele dazu auf den folgenden Seiten.

2.7.3.1 Was nimmt Ihnen Freude?

Allein gelassen werden
Betrug
Blockade
Böse Menschen
Druck
Egoismus
Falsche Personen
Fehlende Wertschätzung
Hunger
Keine Zeit für sich selbst haben
Kein Respekt
Krankheit
Krieg
Langeweile
Launische Lehrlinge
Leid, Krankheit in der Familie

Lügen
Missstimmung
Menschen, die «hinter meinem Rücken» schlecht über mich reden
Negativ eingestellte Menschen
Negative Entwicklung
Nicht verstanden werden
Oberflächlichkeit
Schlecht gelaunte Menschen
Schlechtes Umfeld
Streit
Stress
Sturheit
Überforderung
Ungemütlichkeit
Unehrliche Menschen
Unerwartet hohe Rechnungen
Ungerechtigkeit
Unmotivierte Menschen
Unnötige Konflikte
Verlust von geschätzten Menschen

Verzögerungen von Arbeitsabläufen
Wenn der Computer nicht läuft
Wenn meine Arbeit nicht geschätzt wird
Wiederholte Unpünktlichkeit
Zeitdruck

2.7.3.2 Was macht Ihnen Freude?

Arbeit und Ergebnisse daraus
Aufgestellte Mitmenschen
Ein gutes Buch lesen
Einladungen
Entwicklung
Familie
Ferien
Finanzielle Absicherung
Freizeit zum Ausgleich
Freunde
Gemeinsame Aktivitäten
Gemütliche Runde mit Freunden
Gesunde Familie
Gesundheit

Gutes Arbeitsklima
Gute und erfüllte Partnerschaft
Gute Laune
Gutes Umfeld
Hobby Pferde
Interessante Arbeiten
Immer wieder Neues lernen
Jemandem eine Freude machen
Kinder
Kleine Erfolge
Lachen
Liebe Menschen
Lob
Mein Wissen erweitern
Mein Wissen weitergeben
Mit dem zufrieden sein, was man hat
Musik als Ausgleich
Natur
Nette und freundliche Menschen
Relaxen
Rückmeldungen von ehemaligen Lernenden

Schönes Wetter
Smartphone ausschalten
Sonne
Spass haben
Spielen
Sport
Teamgefühl
Tiere
Weiterbildung
Wenn ich geschätzt werde
Wenn meine Meinung zählt
Wenn ich gerecht behandelt werde
Ziele erreichen
Zusammenarbeit

2.8 Meine gute Laune

> Wenn ich in meinen Workshops oder Referaten die Menschen frage, wer von ihnen am liebsten den ganzen Tag mit schlecht gelaunten Mitmenschen zu tun haben möchte, meldet sich nie jemand. Sowohl bei Schülerinnen, Schülern, Lernenden und Berufsbildungspersonen ernte ich auf diese Frage bloss zahlreiche Schmunzler.

Und doch meine ich die Frage sehr ernst. Denn niemand hat gerne mit schlecht gelaunten Menschen zu tun. Viele realisieren aber in der Hektik des Alltags folgendes nicht: die beste Methode, möglichst viel mit gut gelaunten Menschen zusammenzutreffen, ist eben, selbst gute Laune zu haben und auszustrahlen.

2.8.1 Welches sind Ihre ganz persönlichen «Gute-Laune-Killer»? Notieren Sie diese bitte auf den folgenden Zeilen.

Vorlage: denkfit.ch

Vorlage: denkfit.ch

2.8.2 Welches sind Ihre ganz persönlichen «Gute-Laune-Macher»? Notieren Sie diese bitte auf den folgenden Zeilen.

Empfehlung: Lesen Sie Kapitel 2.8.3 erst, wenn Sie die Standortbestimmung durchgeführt haben.

2.8.3 Beispiele

Was haben andere Berufsbildnerinnen oder Berufsbildner bei «meine Freude» festgehalten? Lesen Sie Beispiele dazu auf den folgenden Seiten.

2.8.3.1 Welches sind Ihre ganz persönlichen «Gute-Laune-Killer»?

Aggressive Mitmenschen
Alltagstrott
Aufräumen
Boshaftigkeit
Fehlende Freiheit
Fehlende Wertschätzung
Hunger
Keine Zeit
Krankheit
Krieg
Launische Menschen
Leistungsdruck
Miesepeter
Morgenmuffel
Oberflächlichkeit

Putzen
Reklamation
Schlechte Einstellung
Schlechtes Essen
Schlechte Nachrichten
Schlechtes Wetter
Schlecht gelauntes Umfeld
Schlechte Stimmung
Streit
Stress
Tagelang schlechtes Wetter
Terror
Trübsal blasen
Unehrlichkeit
Unfälle
Ungeduldige Mitmenschen
Ungemütlichkeit
Ungepflegtes Auftreten
Ungerechtigkeit
Unzuverlässigkeit
Wenn Vorhaben nicht umgesetzt werden

Wiederholte Fehler nach mehrmaligem Erklären
Zu viele Termine

2.8.3.2 Welches sind Ihre ganz persönlichen «Gute-Laune-Macher»?

Anerkennung
Cooler Chef
Essen
Familie
Ferien
Ferienplanung
Freizeit
Freunde
Fröhliche Menschen
Gutes Arbeitsklima
Gute Bücher
Gute Gespräche
Gute Noten und QV
Guter Kaffee
Guter Wein
Gutes Essen

Gutes Team
Humor
Interessante Arbeiten
Kinder
Kleine Freuden des Alltags
Kochen
Lachen
Lob
Lottogewinn
Musik
Natur
Positive Erlebnisse
Rauchen
Saubere Arbeit
Schönes Wetter
Sonnenschein
Sonnenstrahlen am Morgen
Spazieren
Spiele
Sport
Tanzen

Teamarbeit
Trinken
Überraschungen
Vogelgesang am Morgen
Wellnessen
Zeit
Ziele erreichen
Zufriedene Menschen

Die «Häppi Day-Karte» dient als Erinnerung, dass «gute Laune» jederzeit bei Ihnen beginnt. Sie finden sie im Anhang dieses Buches.

2.9 Alles beginnt bei MIR

Die Befragungen zu Motivation, Freude und gute Laune führe ich mit Oberstufenschülerinnen und -schülern, mit Lernenden und Berufsbildungspersonen durch. Auch hier kann ich Ihnen versichern: die Antworten sind alle ziemlich ähnlich. Wesentliche Unterschiede gibt es ausschliesslich bei den verschiedenen Interessen je nach Alter.

Allgemein neigen viele Menschen dazu, Ursachen für Fehler nicht bei sich selbst, sondern woanders zu suchen. Insbesondere bei Themen wie Motivation, Freude etc. Das wissen schon die jungen Schülerinnen und Schüler. Wenn wir es aber ganz nüchtern betrachten, dann wird uns bewusst, dass einzig und allein wir es sind, welche diese Bereiche zu unseren eigenen Gunsten – oder eben auch Ungunsten – steuern. Konkret bedeutet das:

- Motivation beginnt bei mir.
- Freude beginnt bei mir.
- Gute Laune beginnt bei mir.
- Begeisterung beginnt bei mir.
- ALLES beginnt bei MIR.

Auf den ersten Blick eine sehr einfache Herleitung. Doch eine wahrhaftige. Denn sie hat es tatsächlich in sich. Sie ist in der Umsetzung nämlich eine sehr grosse Herausforderung. Die Herausforderung besteht aber eigentlich einzig und allein in der Wahlmöglichkeit. Denn: ich habe jederzeit die Wahl. Immer wieder, jederzeit, sowohl beim Agieren als auch beim Reagieren.

Viele Leute wählen jedoch nicht. Denn sie haben Stress oder sie regen sich über etwas auf. Andere wiederum denken nicht dran, dass sie die Wahl eigentlich jederzeit hätten. Und dann gibt es noch diejenigen, welche schlicht und einfach nicht wollen. Das erinnert mich an eine etwa 19-jährige Teilnehmerin beim Workshop für Lernende «Fit für den Arbeitsalltag – Lehre fertig, wie weiter?». Nachdem sie mir etwa eine halbe Stunde mit gerunzelter Stirn sehr konzentriert zuhörte, bat sie plötzlich um eine Wortmeldung und sagte: «Aber jetzt muss ich mal was sagen: Ich will gar nicht immer gute Laune haben!». Dafür habe ich absolutes Verständnis. Es ist auch nicht meine Absicht, jemanden zu guter Laune zu bekehren, ich zeige lediglich die Mechanismen auf. Entscheiden tut jede und jeder selber. Und eben immer wieder und zwar jederzeit.

Damit komme ich zu drei weiteren Leitsätzen, die einfach klingen, im Alltag aber oftmals eine grosse Herausforderung in der Umsetzung darstellen. Übung macht aber auch hier den Meister und ich möchte Sie ermutigen, dies so lange zu trainieren, bis es so selbstverständlich ist wie Zähneputzen, ein Automatismus gewissermassen.

2.9.1 Leitsatz 1: Es ist ganz einfach.

Unser modernes Leben ist organisiert, konzipiert und strukturiert. Und es ist professionalisiert. Das ist auch gut so. Es ist aber wichtig, dass wir die ganz einfachen Dinge nicht vergessen. Das, was zwischen Menschen wesentlich ist: Emotionen.

2.9.2 Leitsatz 2: ICH muss wollen.

Die Bereitschaft, etwas zu tun, zu ändern, unter neuen Gesichtspunkten zu betrachten, erneut anzudenken etc. ist eine der zentralen Grundlagen. Am Anfang steht immer eine klare Willenserklärung. Will ich etwas oder will ich es nicht. Sofern ich es nicht will, sollte ich mich allerdings anschliessend auch nicht mehr darüber beklagen, es einfach ändern.

2.9.3 Leitsatz 3: ICH denke selber.

Im Zeitalter der Digitalisierung eine enorme Herausforderung für viele. Alles ist organisiert und alles kann man (vermeintlich) jederzeit überall sofort nachschlagen und nachlesen. Im Zeitalter von «fake News» gewinnt das Selberdenken allerdings wieder eine ganz neue Bedeutung. Das Schöne daran: wir können und dürfen selber denken. Es jedoch auch zu tun lautet die Devise und für viele die grosse Herausforderung.

Kommen wir zurück zu der freien Wahl und warum viele Menschen nicht wählen. Das Zauberwort dazu lautet «Stress». Im Grunde ist es ganz einfach: Stress entsteht dann, wenn wir ihn zulassen. In unseren Gedanken.

2.10 ICH und meine Verantwortung

> Als Berufsbildnerin oder als Berufsbildner haben Sie in vielerlei Hinsicht eine sehr bedeutungs- und verantwortungsvolle Aufgabe. Nehmen Sie Ihre Verantwortung wahr.

Stellen Sie sich vor, was Sie für eine wichtige und nachhaltig prägende Rolle im Leben eines Lernenden haben. In den allermeisten Fällen treten die Jugendlichen voller Freude und mit grossen Erwartungen in den neuen Lebensabschnitt der Berufslehre ein. Denken Sie daran, dass es für die Jugendlichen zugleich eine neue Chance ist. Neue Menschen, neues Glück.

Versuchen Sie möglichst viel von diesen Erwartungen auf positive Art und Weise zu erfüllen. Damit meine ich nicht verwöhnen, sondern in konstruktiver Weise herausfordern. So, dass die Jugendlichen Schritt für Schritt Erfolgserlebnisse haben können. Das motiviert. So, dass die Jugendlichen Schritt für Schritt an sich selbst wachsen können. Das bedarf nebst der fachlichen Kompetenz grosse Selbst- und Sozialkompetenz, immer wieder darauf zu achten, diese jungen Leute korrekt und wertungsfrei zu behandeln.

Als Berufsbildungsperson sollten Sie Ihr Leben «im Griff haben». Oder mindestens den Willen haben, täglich daran zu arbeiten. Denken Sie an den «Lehrmeister» zurück. Er ist eben Meister. Ein Ski-Welt<u>meister</u> arbeitet auch täglich an seiner Bestform. So ist es beispielsweise anzustreben, dass niemals andere – insbesondere Ihre Lernenden – darunter zu leiden haben, dass Sie persönlich Stress oder Ärger haben.

Der Umgang mit Stress ist heute also eine tägliche und zentrale Herausforderung. Insbesondere für Berufsbildungspersonen. Denn ihre Aufgabe ist es, vor allem besonnen, ausgeglichen und vorbildlich aufzutreten. Sollten Sie trotzdem einmal «Dampf ablassen» müssen, tun Sie dies kontrolliert, verhältnismässig und am richtigen Ort. Damit es möglichst gar nicht dazu kommt, lesen Sie die nächsten zwei Kapitel.

2.11 Stressreduktions-Modelle

> Gehören Sie womöglich auch zu den Menschen, welche regelmässig gestresst sind? Damit sind Sie bestimmt nicht alleine.

Zu wenig Schlaf, schlecht gelaunte Mitarbeitende, ein launischer Chef, zu viel Arbeit, zu wenig Freizeit, kein gutes Essen etc. Diese Liste könnte beliebig fortgesetzt werden. Doch wie Sie ja schon wissen: ein guter Berufsbildner oder eine gute Berufsbildnerin sollte Ausgeglichenheit und Gelassenheit ausstrahlen. Das heisst, Stress ist Gift für Menschen, welche in ihrer Tätigkeit Wissen vermitteln und eine Vorbildrolle wahrnehmen sollen. Und zu dieser Gruppe Menschen gehören Sie als Berufsbildungsperson ganz eindeutig.

Gerne lade ich Sie ein, sich hier Gedanken zu machen, was Sie in Stress versetzen kann. Notieren Sie dies bitte auf den folgenden Zeilen.

Um mit Stress optimal umgehen zu können, respektive um ihn möglichst zu vermeiden, ist es wichtig, die eigenen Stress-Warnsignale zu kennen.

Notieren Sie bitte auf den folgenden Zeilen Ihre persönlichen Stress-Warnsignale (wann Sie merken, dass sich eine Stresssituation anbahnt).

Übung für den Notfall

Eine ganz einfache, jedoch sehr wirkungsvolle Übung bei akutem Stress ist folgende: Innehalten, Augen schliessen und ganz bewusst und langsam:

1. Einatmen. Ausatmen.
2. Einatmen. Ausatmen.
3. Einatmen. Ausatmen.

Das ganze dauert maximal 30 Sekunden, kann beliebig wiederholt werden und wirkt Wunder.

2.12 «Bewusstes Sein» als Grundrezept gegen Stress

> «Eins nach dem anderen» ist ein universelles uraltes Grundrezept gegen Hektik im Alltag. Oder mit anderen Worten: das, was ich tue, tue ich ganz bewusst.

Doch aufgepasst! Sobald ich mehrere Dinge miteinander oder parallel mache, werde ich diesem Prinzip untreu. Technologien sind ein Paradebeispiel dafür. Sie verleiten mich nämlich täglich, mich mit mehreren Dingen gleichzeitig zu beschäftigen:
- Ich esse, während ich fernsehe.
- Ich nehme einen externen Anruf entgegen, während ich gerade einem Lernenden einen fachlichen Vorgang erkläre.
- Ich checke meine E-Mails, während gerade ein anderer Sitzungsteilnehmer etwas erläutert.
- Ich sehe meine E-Mails oder WhatsApp-Nachrichten durch, während ich mit einem Freund oder einer Freundin beim Essen bin.

Denken Sie an das ganz einfache Rezept: Bewusstes Sein. Zum Beispiel:
- Wenn ich Auto fahre, fahre ich Auto.

- Wenn ich ein Gespräch führe, dann führe ich ein Gespräch.
- Wenn ich E-Mails lese und beantworte oder bei WhatsApp chatte, dann konzentriere ich mich ausschliesslich darauf.

Die grosse Kunst im Alltag liegt eben darin, dass ich mich an dieses Prinzip erinnere und dass ich in der Übung bin und bleibe. Dass ich es immer wieder und jederzeit anwende, ganz selbstverständlich. Das braucht Training, Wille und eben Aufmerksamkeit sowie Konzentration.

All das gilt für Sie als Vorbildperson. Doch es gilt eben auch für Ihre Lernenden. Und für die gilt es noch viel mehr.

Während die meisten der heutigen Berufsbildungspersonen noch die analoge Welt kannten und die Digitalisierung miterlebten, wurden die heutigen Lernenden bereits in die digitalisierte Kommunikations- und Medienwelt hineingeboren. Sie kennen keine andere Realität und sind verständlicherweise häufig überfordert, die unendliche, stets verfügbare und auch aktiv auf sie eindringende Masse an digitaler Kommunikations-, Informations- und Desinformationsangeboten einzuordnen.

Damit wir uns dieser Tatsache bewusst werden, führe ich hier im nachfolgenden Kapital ein paar Zahlen zu diesem Thema auf.

2.13 Digitale Jugendliche

> In der Schweiz besitzen 98% der Jugendlichen ein Smartphone. Dementsprechend hoch ist die tägliche Nutzung. Dies geht aus der JAMES-Studie 2016 der ZHAW Zürcher Hochschule für Angewandte Wissenschaften hervor, welche über 1000 Schweizer Jugendliche zwischen 12 und 19 Jahren befragte.

Der Unterschied zwischen einem Smartphone und einem Mobiltelefon der früheren Technologiegeneration liegt darin, dass das Smartphone Internetzugang ermöglicht. Das brauchen die Jugendlichen auch und zwar täglich, denn 80% nutzen täglich oder mehrmals pro Woche die Webseite youtube.com zu Unterhaltungszwecken und 89% der Jugendlichen sind mindestens bei einem sozialen Netzwerk wie beispielsweise Facebook, Instagram, Snapchat etc. angemeldet.

Sollten Sie youtube.com nicht kennen, sehen Sie sich einmal ein wenig um. Aber nicht bei Wissensvideos, sondern bei Unterhaltungs-, Meinungs-, «Reality-Doku-» und Musikvideos. Dann stellen Sie fest, dass diese Inhalte ein fester Bestandteil des Medienkonsums und somit der individuellen Realitätswahrnehmung vieler Jugendlicher sind. Mit diesem Wissen können Sie allenfalls bestimmte Verhaltensformen von Jugendlichen besser verstehen und einordnen.

Wenn Sie sich jetzt vorstellen, dass Jugendliche am Abend «mit dem Smartphone» zu Bett gehen, am Morgen damit aufstehen, im Bad, während des Frühstücks und auf dem Arbeitsweg damit beschäftigt sind, dann können Sie womöglich auch nachvollziehen, weshalb viele dieser Jugendlichen im Bereich der Konzentration grosse Schwächen haben. Dem gilt es geschickt zu begegnen. Und hier zählt erneut Ihre Rolle als Vorbildperson.

2.14 ICH und meine Vorbildfunktion

> Die Lehrzeit ist für die jungen Menschen ein entscheidend wichtiger Lebensabschnitt. Wie war das bei Ihnen in Ihrer Ausbildung? Erinnern Sie sich gut an Ihre Lehrmeisterin oder Ihren Lehrmeister?

Gerne lade ich Sie ein, kurz die Augen zu schliessen und zurück zu denken. Beschreiben Sie anschliessend Ihre Lehrmeisterin oder Ihren Lehrmeister auf den folgenden Zeilen in einem Kernsatz.

Die gleiche Aufgabe habe ich in den vergangenen Jahren in meinen Workshops und Referaten vielen Menschen im Alter zwischen 20 und 65 gestellt. Nachfolgend eine Auswahl an Antworten:

Polymechaniker (22) | Abschlussjahr 2012

«Zum einen war er manchmal
ein strenger Lehrer, aber zum anderen
auch ein Freund,
der dir bei Problemen hilft.»

Kauffrau (32) | Abschlussjahr 2001

«Mit seiner strengen und manchmal
auch speziellen Art hat er mich gefordert,
ab und zu aus der Reserve gelockt –
aber auch gefördert.»

Zimmermann (23) | Abschlussjahr 2011

«Eine starke, charismatische,
herzliche Person.»

**Haustechnikplaner Fachrichtung Lüftung (26) |
Abschlussjahr 2007**

«Er war verständnisvoll, mein Pubertätshelfer
und hat mir die Wirtschaft beigebracht.»

Kaufmann (20) | Abschlussjahr 2013

«Eine vertrauenswürdige Ansprechperson,
die sich immer Zeit für mich genommen hat.»

Hochbauzeichner (25) | Abschlussjahr 2008
«Für mich war/ist mein Ausbildner wie ein zweiter Vater.»

Mechaniker (47) | Abschlussjahr 1989
«Er war mir fremd.»

Kauffrau (49) | Abschlussjahr 1986
«Eine gradlinige und konsequente Geschäftsfrau.»

Kauffrau (29) | Abschlussjahr 2006
«Er war gedanklich oft abwesend, erzählte von seinen persönlichen Problemen, aber war geduldig.»

Elektromonteur (45) | Abschlussjahr 1991
«Ein freundlicher Aufseher nach alter Schule, mit Macken, aber stets freundlich.»

Landschaftsgärtner (35) | Abschlussjahr 1999
«Ein umgänglicher, kompetenter, fordernder und fördernder Lehrmeister, der immer für einen Scherz zu haben war.»

Tiefbauzeichnerin (43) | Abschlussjahr 1994

«Ein ehrlicher, geradliniger Mensch mit gutem Fachwissen.»

Kaufmann (44) | Abschlussjahr 1990

«Streng, aber gerecht.»

Kaufmann (35) | Abschlussjahr 1999

«Diszipliniert, konsequent und hilfsbereit (<alte Schule>).»

Vermessungszeichner (37) | Abschlussjahr 1999

«Er war eine offene und ehrliche Person und fachlich sehr kompetent.»

Kauffrau (22) | Abschlussjahr 2012

«Streng, nicht immer zugänglich.»

Zahnmedizinische Praxisassistentin (50) | Abschlussjahr 1984

«Eine liebe, einfühlsame Person, die mir viel Fachwissen, aber auch fürs allgemeine Leben beibringen konnte.»

Praktisch alle befragten Personen erinnerten sich immer blitzartig an Ihren Lehrmeister oder ihre Lehrmeisterin. Bei fast allen war es zudem eine positive Erinnerung und niemand brauchte länger als etwa 40 Sekunden, um einen beschreibenden Satz zu machen, auch wenn die Lehrzeit schon Jahrzehnte zurücklag.

Sehr viele Berufsbildungspersonen sind sich nicht bewusst, wie wichtig ihre Rolle für die Lernenden ist, und wie sie lebenslang nachwirken wird, wie die Lernenden ihre Lehrenden wahrgenommen haben. Daran sollten Sie bei Ihrer Arbeit mit jungen Menschen jeden Tag denken. Sie prägen mit Ihrer Haltung, mit Ihren Handlungen und mit Ihrer Vorbildfunktion die Jugendlichen ein Leben lang mit – positiv wie negativ. Dabei sollten Sie sich im Klaren sein, dass Sie Werte nicht lehren können. Werte können Sie ausschliesslich vorleben. Um dies tun zu können, müssen Sie sich erst einmal im Klaren sein, welche Werte Sie und Ihr Unternehmen vertreten. Machen Sie sich dazu Gedanken und notieren Sie Ihre Antworten direkt auf den untenstehenden Zeilen.

Mein Unternehmen steht für folgende Werte:

Für mich als Berufsbildungsperson sind folgende Werte wichtig:

Werte können sich im Lauf der Zeit auch ändern. Das spielt keine Rolle. Wichtig ist, dass Sie die Werte, welche Sie wichtig und richtig finden, konsequent vorleben.

Vorschriften sind wichtig – Vorbilder noch viel mehr

Früher galt für den Chef nicht, was für Jugendliche galt. Das ist nicht mehr so. Heute herrscht eine grosse Gleichwertigkeit. Jugendliche sind gewissermassen emanzipiert. Wenn jemand etwas erwartet oder fordert und es selbst nicht einhält, hat er schnell keine Glaubwürdigkeit mehr. Wenn Sie dagegen als Vorbild das, was Sie erwarten oder fordern auch selbst einhalten, dann können Sie nur gewinnen. In den allermeisten Fällen sogar massiv und vor allem auch nachhaltig.

Wenn Sie nun den Begriff «Vorbild» durch «Vorleben» ersetzen, wird das klarer. Es ist zudem wesentlich wirkungsvoller für die jungen Menschen. Werden Sie eine «Vor-Leberin» oder ein «Vor-Leber». Kommunizieren Sie Ihre Werte, Erwartungen, Haltungen etc., aber leben Sie diese auch konsequent vor. Denken Sie jedoch daran: eine «Vor-Leberin» oder ein «Vor-Leber» darf auch Fehler machen. Dann bleibt sie oder er authentisch und damit nachhaltig sympathisch.

Das ist eine grosse Herausforderung, vor allem, wenn der Druck im Arbeitsalltag hoch ist. Achten Sie darauf, dass Sie diesen Druck nicht zur vielgebrauchten Ausrede verwenden, etwas nicht konsequent vorzuleben. In der Ruhe liegt bekanntlich die Kraft und so hektisch der Alltag auch sein mag: eine Minute dauert immer genau gleich lang. Es braucht dazu aber eine grosse Portion Bewusstsein und Konzentration. Wenn Sie zu wenig Zeit haben, dann haben Sie mit Sicherheit schon gar nicht Zeit dafür, sich über den Zeitmangel weder in Gedanken noch in Worten zu beklagen. Sechzig Sekunden dauern immer sechzig Sekunden. Seien Sie denkfit! Mehr dazu dann aber im Kapitel 2.19 ab Seite 187.

2.15 Seien Sie sich Ihrer Hüte bewusst

Als Berufsbildnerin oder Berufsbildner treten Sie jeden Tag in ganz verschiedenen Rollen auf:
- Trainer / Coach: Bildungsplan umsetzen
- Dompteur: Geschwindigkeit drosseln, Geschwindigkeit erhöhen, an Präzision feilen, Regeln aufstellen
- Polizist: kontrollieren, Regelverstösse ahnden, büssen, Massnahmen ergreifen
- Arbeitskollege: zusammen Arbeiten erledigen, informiert werden, zusammen feiern, Mannschaftsteil an Betriebssportanlass
- Beichtvater: Probleme des Jugendlichen anhören, Advokat des Jugendlichen sein, väterlicher Berater | mütterliche Beraterin, Wahrer von Geheimnissen
- Zauberer: wenn alle anderen Hüte versagt haben

2.16 Der «perfekte» Berufsbildner oder die «perfekte» Berufsbildnerin

- Lebt das vor, was er/sie von den Lernenden verlangt
- Kann «berufstechnisch» vieles
- Interessiert sich für Neues aus Berufsfachschule und üK
- Interessiert sich für das Befinden und das Umfeld der Lernenden
- Beurteilt streng, fair, konstruktiv und fördernd
- Ist konsequent
- Kann auch mal eine «Fünf gerade sein lassen»
- Lässt Lernende wissen, mit welchen Massnahmen eine bessere Beurteilung möglich wäre
- Ist berechenbar
- Lobt echt (ohne aber)
- Hat Zeit oder nimmt sich Zeit
- Lernende merken, dass er oder sie seine oder ihre Tätigkeit gerne ausübt und Jugendliche mag

2.17 Machen Sie sich immer wieder ein Bild!

Viele Menschen neigen dazu, vorschnell ein Urteil zu fällen. Einmal abgesehen davon, dass urteilen grundsätzlich eine heikle Angelegenheit ist, seien Sie sich bewusst: bevor Sie ein Urteil fällen, machen Sie sich ein Bild. Und zwar ein möglichst vollständiges.

Wenn Sie etwas nicht verstehen, dann sollten Sie erst nachfragen und dann nicht urteilen, sondern es einfach zur Kenntnis nehmen. Am besten tun sie das eben wertungsfrei. Es gibt immer für alles einen Grund.

Wenn Sie Ihren Lernenden möglichst viel Vertrauen entgegenbringen wollen, gehen Sie davon aus, dass die Lernenden immer nach bestem Wissen und Gewissen das Beste zu tun gewillt sind. Denn wenn Sie nicht davon ausgehen, dann sind Sie in Ihrer Denkhaltung destruktiv und unterstellen Ihren Lernenden eine Unterlassung. Falls es nicht so aussieht, dass es für etwas einen vernünftigen und nachvollziehbaren Grund gibt, nehmen Sie sich davor in Acht, vorschnell zu urteilen. Fragen Sie lieber zuerst ohne Unterton nach. Erfragen Sie mögliche Hintergründe und Ursachen für eine Handlungsweise. Erst wenn Sie alle Fakten zusammen haben, bilden Sie sich ein Urteil. Und dann besprechen Sie dieses allenfalls in einem ruhigen Moment mit Ihren Lernenden. Klären Sie die Lernenden auf, was Ihre Rolle ist und welche Ziele Sie im Zusammenhang mit dieser Rolle zu verfolgen verpflichtet sind.

Freundlich, respektvoll und transparent.

2.18 Schaffen Sie Ordnung!

Ausgeglichenheit und Gelassenheit sind in unserer Zeit Herausforderungen, die aber im Grunde mit Leichtigkeit zu meistern sind. Das Wesentliche dabei ist das tägliche Bewusstsein, Ausgeglichenheit und Gelassenheit regelmässig zu trainieren und damit eben zu automatisieren oder schlicht und einfach zur Selbstverständlichkeit werden zu lassen.

Leitsätze, wie sie in diesem Buch stehen, können uns bei diesem täglichen Training unterstützen, indem sie uns immer wieder an diese Gegebenheiten erinnern. Eine weitere Möglichkeit, dieses «Training» zu vereinfachen, ist das Thema Ordnung. Gerade in einer so reizüberfluteten Welt sehnt sich der Mensch nach Einfachheit und damit eben auch nach Ordnung. Damit meine ich aber viel mehr als einfach den Arbeitsplatz, die Wohnung oder das Haus ordentlich zu halten, das sowieso. Wir wissen ja: «Alles beginnt bei mir» und damit ist eben auch die Ordnung bei sich selbst gemeint:

Ordnung in Gedanken, Worten und Taten.

Halten Sie stets Ordnung. In Ihren Gedanken, bei Ihren Worten und bei Ihren Taten. Ordnung schafft Klarheit, Ruhe, Gelassenheit und Ausgeglichenheit.

Jugendliche lieben Ordnung und sehnen sich danach. Auch wenn sie es nicht zugeben. Die heutigen «digitalen Jugendlichen» sind extrem leicht ablenkbar. Da ist Ordnung eine sehr willkommene Hilfestellung, um Stabilität oder Halt zu finden.

Wenn Sie jetzt Flächen und Arbeitsplätze schaffen, bei denen die Ablenkungsfaktoren aufs Minimalste reduziert sind, kann das helfen, bestimmt auch Ihnen. Konzentration aufs Wesentliche sozusagen. Beginnen Sie beim Ordnung machen bei sich selbst. Geben Sie dann Ihr Wissen und Ihre Erfahrungen damit an Ihre Lernenden weiter. Fordern Sie dabei die Ordnung ein, erklären Sie jedoch zuvor die Mechanismen, Zusammenhänge und Gründe, welche Sie dazu bewegen, Ordnung zu halten und diese auch einzufordern.

2.19 Sind Sie denkfit?

Körperliche Fitness ist für viele Menschen eine tägliche Selbstverständlichkeit. Auch die geistige Fitness – und damit ist die Wissensleistung des Gehirns gemeint – ist für viele ein regelmässiges Trainingsfeld; sie besuchen Fremdsprachenkurse oder bilden sich in anderen Themengebieten weiter.

Haben Sie sich schon einmal gefragt, wo Gedanken eigentlich herkommen? «Alles beginnt bei mir»: sie kommen natürlich von Ihnen. Doch haben Sie auch immer die Gedanken, die Sie eigentlich wollen? Darüber lohnt es sich einmal ganz genau nachzudenken.

Denkfit sein heisst:
- Sie sind sich bewusst, dass SIE Ihre Gedanken steuern können und auch jederzeit steuern dürfen.
- Sie sind sich bewusst, dass SIE entscheiden, was Sie denken.
- Sie wählen bewusst Gedanken aus, welche Ihnen dienen, welche Ihnen nützlich sind, welche Sie im positiven Sinne weiterbringen.

Wenn wir uns vor Augen führen, dass alles, was wir sehen, hören, lesen, spüren oder riechen uns beeinflusst, dann ist es umso wichtiger, denkfit zu sein. Dazu braucht es Training und Bewusstsein. Immer wieder, jeden Tag aufs Neue. Und es braucht den eigenen Willen, es tun zu wollen. Viel Freude beim Training!

Bewusstes Sein, bewusstes Denken, bewusstes Kommunizieren, bewusstes Handeln.

Seien Sie aufmerksam bei Texten, die Sie lesen, bei Nachrichten, die Sie lesen oder hören, seien Sie aufmerksam bei Musik, die Sie hören, seien Sie aufmerksam bei Ihren Gedankengängen. Denn alles kann Sie beeinflussen. Wählen Sie bewusst aus, welche Einflüsse für Sie wichtig sind.

2.20 Das LAG-Prinzip

Wie auch immer Werte sich verändern, was auch immer neue technologische Entwicklungen mit sich bringen, was auch immer noch digitaler wird: Es gibt etwas, das gilt immer. Und das ist das LAG-Prinzip.

Ausnahmslos jeder Mensch sehnt sich von Natur aus nach **L**iebe, **A**nerkennung und **G**eborgenheit.

Denken Sie immer wieder daran, wenn Sie sich in Ihrer Rolle als Berufsbildungsperson, Vertrauensperson, Bezugsperson oder Vorbildsperson bewegen: diese Bedürfnisse stehen grundsätzlich im Mittelpunkt. Auch wenn sie in den allermeisten Fällen von den Betroffenen nicht so bewusst wahrgenommen werden oder bezeichnet, beschrieben werden können oder wenn sie durch negative Erfahrungen in den Hintergrund getreten sind. Sie sind trotzdem immer irgendwo da. Sie sind notwendig wie die Luft zum Atmen.

Vor allem in Situationen, wo Sie als Berufsbildungsperson vielleicht ein wenig anstehen und allenfalls nicht mehr so richtig weiter wissen. Betrachten Sie in diesem Fall Ihre Lernende oder Ihren Lernenden einmal nach den Gesichtspunkten des LAG-Prinzips: Gibt es eventuell irgendwo einen Mangel, der zu einer Kompensation führt und sich dann im Alltag als Problem zeigt? Wenn Sie diesbezüglich etwas feststellen, können Sie es mit geeigneten Massnahmen beheben oder bei der Optimierung unterstützen. Sagen Sie aber nie zu einem Lernenden: «Es ist schon klar, warum du das tust, dir fehlt einfach die Anerkennung oder die Liebe». Das würden diese nicht verstehen. Als Berufsbildungsperson bilden Sie und zwar nicht nur im Fachlichen, sondern eben auch im Menschlichen. So geben Sie dort, wo es mangelt und nehmen Sie dort, wo es zu viel ist. Damit können Sie Jugendliche oftmals enorm unterstützen und fürs ganze Leben positiv mitprägen.

Achten Sie allerdings darauf, dass auch Sie diese Grundbedürfnisse in sich tragen. Auch Sie sehnen sich in Ihrem Innersten jeden Tag und immer wieder nach Liebe, Anerkennung und Geborgenheit.

2.21 Die fünf «Tages-Prioritäten»

Die einfachen Methoden sind oftmals die Wirkungsvollsten. Eine solche einfache Methode, das bewusste Sein in unseren Alltag zu integrieren, ist die Methode der fünf Tages-Prioritäten.

Legen Sie die Karten gewissermassen auf den Tisch. Halten Sie inne, wählen Sie eine Karte aus und erklären Sie das, was darauf steht zu Ihrer obersten Tages-Priorität. Platzieren Sie die Karte so, dass Sie diese immer im Blickfeld haben. Folgende Karten stehen Ihnen zur Verfügung (Sie finden diese in der hinteren Umschlagklappe dieses Buches):

Aufmerksamkeit

Hektik, Druck, Digitalisierung, Stress etc. sind nur einige der zahlreichen Gegenspieler von Aufmerksamkeit. Wenn zu wenig Aufmerksamkeit da ist, nehmen sich die Menschen nicht mehr wirklich wahr, vieles geht verloren oder es passieren ganz einfach Fehler. Höchste Zeit, dieser einfachen, aber äusserst wirkungsvollen Eigenschaft wieder vermehrt die Beachtung zu schenken, welche sie verdient.

Konzentration

In Gesprächen mit Lehrpersonen, Berufsbildnerinnen und Berufsbildnern, aber auch in meiner täglichen Arbeit mit Jugendlichen und Lernenden stelle ich fest, dass die Konzentrationsfähigkeit etwas abgenommen hat. Deshalb ist es wichtig, dass wir uns im wahrsten Sinne immer wieder darauf besinnen  oder uns die Konzentration eben wieder zum Hilfsmittel machen. Konzentriert etwas tun ist effizient, braucht also weniger Zeit und das Endresultat ist in den allermeisten Fällen besser. Grund genug, Konzentration wieder vermehrt in unseren Alltag zu integrieren.

Motivation

Ohne Motivation läuft nichts oder es läuft harzig. Es gibt ganz viele Dinge, welche uns motivieren können. Viele Beispiele dazu finden Sie ja auch in diesem Buch. Grundsätzlich ist es absolut richtig, Motivationsförderer in Form von schönen Dingen einzusetzen. Sich Ziele zu setzen, welche einen  antreiben oder eben motivieren. Doch denken Sie immer daran: letztendlich entscheiden Sie selbst über Ihre Motivation. Wenn Sie keine «externen» Motivations-Macher benötigen, dann bleiben Sie stets unabhängig und frei.

Freude

Wir alle wissen: alles, was wir mit Freude tun, gelingt in der Regel besser. Freude ist eine sehr grosse Kraft, wenn nicht die grösste. Oftmals geht die Freude im Alltag unter oder gar verloren. Oder sie fokussiert sich aufs Smartphone und die Kommunikation damit. Dabei habe ich ein Bild im Kopf, welches Menschen frühmorgens an der Bushaltestelle zeigt. Sie stehen da und ihr Gesicht ist meist alles andere als voller Freude. Dann plötzlich: ein Griff in die Tasche, das Smartphone in der Hand, den Blick auf den Bildschirm und schon geht ein freudvolles Lächeln übers Gesicht, weil beispielsweise soeben eine schöne Nachricht eingetroffen ist. Das freudvolle Gesicht wandelt sich dann wieder, wenn das Gerät in die Tasche zurückgelegt wird.

Denken Sie daran: Sie bestimmen das Mass Ihrer Freude. Im Wissen darum, dass mit Freude alles besser geht, empfiehlt es sich, täglich ein hohes Mass an Freude ins Leben zu integrieren. Die Kunst ist, uns nicht davon abbringen zu lassen, daran zu denken, uns immer wieder daran zu erinnern, dass wir es sind, welche über die Menge der Freude die Wahl haben.

Bewusstsein

Unsere Gedanken – deren Qualität wir jederzeit selbst bestimmen können – sollen immer da sein, wo sich unser Körper gerade befindet. Es sei denn, wir begeben uns beispielsweise ganz bewusst auf eine meditative Reise. Bewusstsein im Alltag ist ein Wundermittel für oder gegen vieles. Bewusstsein lässt uns bei uns sein und nicht woanders. Das tut gut, gibt Ruhe und Gelassenheit. Und es ist ein wunderbares Mittel gegen Stress.

2.22 Brillen- oder Blickrichtungswechsel

> Brille reinigen, Brille wechseln und die Sicht ist wieder ganz eine andere. Die Blickrichtung immer mal wieder zu wechseln bringt neue Ansichten und damit immer auch wieder neue Einsichten. Wenn Sie sich dies bei Ihrer Arbeit mit den Jugendlichen immer mal wieder vor Augen führen, können oft ganz schöne und neue Perspektiven entstehen.

Befragungen eignen sich sehr gut, um herauszufinden, welche Sichtweise das Gegenüber hat. Es gibt dazu auch ganz einfache und meist kostenlose Onlinedienste. Haben Sie sich im Rahmen Ihrer Arbeit beispielsweise schon einmal gefragt, was sich denn eigentliche Ihre «Kundschaft» (damit meine ich Schülerinnen und Schüler der zweiten oder dritten Oberstufe) von Ihnen als Unternehmen oder als Lehrbetrieb wünscht? Antworten kann man hier natürlich mit einem Blickrichtungswechsel erahnen. Eine Befragung hingegen zeigt es klar und deutlich. Ein Beispiel dazu: Im Rahmen meiner Workshops «Fit für die Lehre» an Oberstufenschulen habe ich etwa 150 Schülerinnen und Schüler der siebten und achten Klassen mittels anonymer Online-Befragung unter dem Titel «Meine

Zukunft – meine Lehre» mit folgender Fragestellung konfrontiert: «Wenn du die obligatorische Schulzeit (Oberstufe) abgeschlossen hast und an die Lehre denkst, worauf freust du dich am meisten? Nenne bitte drei Punkte». Bevor Sie weiterlesen: Was glauben Sie, ist die Antwort, welche am meisten genannt wurde?

Nebst Antworten wie «kein Französisch mehr», «endlich richtig arbeiten» oder den «Lehrer nicht mehr sehen müssen» gibt es eine Nennung, die deutlich am häufigsten genannt wird. Und zwar lautet sie: «Geld verdienen» oder «eigener Lohn».

Die zweite Frage lautete: «Wenn du an deine Lehre denkst, wovor hast du am meisten Angst? Nenne bitte drei Punkte.» Gerne lade Sie ein, auch hier wieder zuerst zu überlegen, was aus Ihrer Sicht wohl die häufigste Antwort der Schülerinnen und Schüler war.

Bei dieser Frage gibt es zwei Antworten, die sehr häufig genannt werden. Einerseits haben die Jugendlichen Angst davor, dass der Chef sie nicht mag, andrerseits haben viele die Angst, dass sie nicht genügend Leistung bringen, sprich es nicht schaffen werden.

Bei den Ängsten der Jugendlichen war ich sehr gespannt. Die Umfrage hat keinesfalls den Anspruch, repräsentativ zu sein. Doch spüre ich in meiner täglichen Arbeit mit jungen Menschen immer wieder, dass es für sie enorm wichtig ist, «angenommen» oder eben «gemocht» zu werden. Was wiederum das LAG-Prinzip bestätigen würde.

2.23 Von Ihnen zu Ihren Lernenden

> Nachdem Sie nun dieses Buch gelesen, sich intensiv mit sich selbst und Ihrer Tätigkeit auseinandergesetzt haben, möchte ich Sie ermutigen, dieses Wissen in Ihrem Alltag nun bei Ihren Lernenden anzuwenden und auszuprobieren.

Was für Sie als Berufsbildnerin oder als Berufsbildner gilt, gilt auch für Ihre Lernenden. Das bedeutet, all die Leitsätze, Abhandlungen, Gedanken und Inputs können Sie 1:1 bei Ihren Lernenden im Arbeitsalltag einsetzen und anwenden. Dinge zu tun, weil sie für denjenigen, der sie tut auch Sinn machen, gibt mehr Motivation und Freude als Dinge zu tun, weil jemand einfach sagt: tu dies!

Viel Freude und gutes Gelingen!

Anhang

Die Förderer dieses Buches

Die Förderer dieses Buches gratulieren und wünschen eine gute Aufnahme!

Die Veröffentlichung des vorliegenden Buches «Fit für die Berufsbildung – Tipps für Berufsbildungspersonen im Umgang mit Lernenden» wurde von den vier Institutionen

- Arbeitgeberverband «Swissavant – Wirtschaftsverband Handwerk und Haushalt» – www.swissavant.ch;
- «Förderstiftung polaris» – www.polaris-stiftung.ch;
- «nexMart Schweiz AG» – www.nexmart.com und
- «Hans Huber Stiftung» – www.hanshuberstiftung.org

ideell und materiell unterstützt! Die Förderer dieses Buches sehen in einer qualitativ hochstehenden dualen Berufsbildung das unabdingbare Fundament für eine wettbewerbsfähige Schweiz. Das duale Ausbildungssystem mit der engen Verzahnung zwischen Ausbildungsbetrieben und den Berufsschulen ist unbestritten seit Jahrzehnten ein bewährtes Erfolgsmodell, das in der jüngsten Vergangenheit zudem eine gute Reputation über die Landesgrenzen hinweg erlangte. Im Kontext dieser strategischen Verbundaufgabe für die Schweizer Wirtschaft wie Gesellschaft zwischen den drei Partnern Bund, Kantonen und Organisationen der Arbeitswelt (OdA) ist eine enge, zielführende Zusammenarbeit zwischen den Partnern und Entscheidungsträgern eine unabdingbare Voraussetzung für das Erfolgsmodell der Schweizer Berufsbildung. Diese Erkenntnis der notwendigen Zusammenarbeit ist unter dem aktuellen Eindruck des wachsenden Wettbewerbs und der starken Globalisierung für die Förderer dieses Buches Grund genug gewesen, die dritte Anspruchsgruppe der Schweizer Berufsbildung, die Berufsbildner, in ihrer verantwortungsvollen Aufgabe mit dem praxisorientierten Handbuch «Fit für die Berufsbildung - Tipps für Berufsbildungspersonen im Umgang mit Lernenden» umfassend wie nachhaltig zu unterstützen.

Die Förderer im Einzelnen:

Swissavant - Wirtschaftsverband Handwerk und Haushalt

Der führende Branchenverband des schweizerischen Eisenwaren- und Haushaltartikel-(Gross-)Handels vereint neben landesweit 650 Detailhandelsgeschäften auch die namhaften Lieferanten und Produzenten aus diesem starken Wirtschaftssegment. Die Detailhandelsgeschäfte, die Lieferanten und die Produzenten bilden das Rückgrat einer modernen und vielfältigen Handels- und Zulieferbranche mit spannenden Karrieremöglichkeiten. Eine hochstehende Berufsausbildung, die den heutigen methodisch-didaktischen Ansprüchen in allen Belangen zu genügen weiss, sowie der gelungene Einstieg junger Menschen als qualifizierte Berufsleute in das anspruchsvolle Wirtschaftsleben sind zentrale Anliegen, Aufgaben und Verantwortungen von Swissavant als Trägerorganisation von insgesamt vier Ausbildungs- und Prüfungsbranchen. Swissavant gilt seit Jahrzehnten als Impulsgeber und Schrittmacher für die Ausbildung im Schweizer Detailhandel – mittlerweile seit mehr als zehn Jahren auch über die anverwandten Branchen hinaus.

Förderstiftung polaris

Die Förderstiftung polaris hat sich im Kontext der Schweizer Berufsbildung zwei wesentliche Aufgaben gesetzt: einerseits den Berufsnachwuchs aus den 4 Ausbildungs- und Prüfungsbranchen[1] gezielt und nachhaltig zu Höchstleistungen zu motivieren, andererseits das Image und Potenzial der Berufslehre in der öffentlichen Wahrnehmung mittelfristig stark zu verbessern.

Beide Massnahmen sind notwendig, wenn in der Zukunft die Schweizer Berufslehre im (Detail-)Handel bei den Lernenden nicht nur die zweite Wahl sein soll, sondern die erste Geige spielen will. Denn motivierte und engagierte Auszubildende sind sowohl Vorbilder für andere als auch Aushängeschilder für eine ganze Berufsbranche und Imageförderer in einer Person.

Die Förderstiftung polaris kann dabei auf die Jahrzehnte lange Kompetenz des Arbeitgeberverbandes Swissavant (Wirtschaftsverband Handwerk und Haushalt) zählen und kooperiert mit zahlreichen Partnern aus Handel und Industrie.

---

1   Die 4 Ausbildungs- und Prüfungsbranchen sind: «Eisenwaren» und «Haushalt»; «Farben» und «Elektrofach»

Die Förderstiftung polaris fordert den Branchennachwuchs und fördert die Spitzenleistungen in der Berufsbildung, damit die Berufslehre im Schweizer (Detail-)Handel ganz vorne mitspielt – natürlich in einer perfekten Tonlage!

nexMart Schweiz AG – Wir machen digitale Evolution nutzbar!

Die nexMart Schweiz AG ist ein im Januar 2005 gegründeter E-Business-Dienstleister mit Sitz in Wallisellen. Die E-Business-Lösungen und -Services werden von Kunden in 70 Ländern genutzt. Sie unterstützen die gesamte Prozesskette zwischen Hersteller und Handelspartnern in B2B und B2C und ermöglichen den Auf- und Ausbau von Aktivitäten in unterschiedlichen Kanälen im mehrstufigen Vertrieb auf der ganzen Welt.

nexMart-Lösungen sorgen beispielsweise dafür, dass Online-Kunden bereits auf Produkte aufmerksam werden, bevor Sie gezielt danach suchen. Sie optimieren das ganzheitliche Kundenerlebnis von der Produktrecherche auf der Hersteller-Website bis zum Kauf im Online-Shop oder Fachgeschäft der Absatzpartner. Mit nexMart gewährleisten Hersteller ihren Handelspartnern stets aktuelle und verkaufsrelevante Produktinformationen. Diese können dem Kunden über alle Kanäle bereitgestellt werden – von der Webseite bis zum Ladenlokal. Die Vorteile liegen auf der Hand: Hersteller und Handelspartner gewinnen neue Umsatzpotenziale und zusätzliche Abverkaufschancen, maximieren ihre Conversion Rate und steigern damit langfristig die Kundenzufriedenheit und -bindung.

Alle nexMart-Lösungen liefern wertvolle Beiträge zur erfolgreichen Umsetzung des digitalen Wandels.

Hans Huber Stiftung

Die Hans Huber Stiftung will Jugendliche, deren Eltern und Lehrpersonen sowie die Verantwortlichen in Unternehmen, Institutionen und Politik darauf aufmerksam machen, dass die berufliche Aus- und Weiterbildung eines der wichtigsten Potenziale zur Entwicklung unserer Wirtschaft und Gesellschaft ist. Die Hans Huber Stiftung nutzt verschiedene Möglichkeiten, um das Image der Berufsbildung zu fördern: Die Stiftung verleiht jährlich Anerkennungs- oder Förderpreise an Personen oder Institutionen, die sich besondere Verdienste um das duale Bildungssystem erworben haben. Mit Wettbewerben unter dem Titel «Traumlehre» (www.traumlehre.org) werden Jugendliche motiviert, sich intensiv mit der beruflichen Aus- und Weiterbildung auseinanderzusetzen, um sich und ihr Umfeld von den Stärken dieses Ausbildungsweges und den intakten Karriereaussichten zu überzeugen.

Schlusswort

Die Unterstützung der praxisnahen Publikation «Fit für die Berufsbildung - Tipps für Berufsbildungspersonen im Umgang mit Lernenden» reiht sich aus dieser Perspektive ein in die vielfältigen Massnahmen der Förderer zugunsten einer qualitativ hochstehenden Schweizer Berufsbildung und damit zugunsten der Schweizer Wirtschaft. Die Förderer wollen mit Unterstützung dieses Buches die engagierten und motivierten Berufsbildner bei der täglichen Arbeit und im Umgang mit den

Lernenden praxisnah unterstützen sowie begleiten und so helfen, die aufkommenden Fragen oder Probleme im Berufsalltag einzuordnen und zu beantworten.

In diesem Sinne ist die Publikation dieses Buches «Fit für die Berufsbildung – Tipps für Berufsbildungspersonen im Umgang mit Lernenden» das Wahrnehmen einer noblen Aufgabe und ein weiterer wichtiger Baustein für das Schweizer Berufsbildungssystem.

Schliesslich freuen sich die Förderer über eine gute Aufnahme dieses Praktikerhandbuches mit den zahlreichen Checklisten und sind für ausbildungsgerechte Verbesserungsvorschläge und konstruktive Kritik stets offen.

Ein offener wie ehrlicher Dank gebührt an dieser Stelle dem engagierten Autor Gregor Loser, der sich mit viel Liebe und grosser Hingabe seit Jahren der Schweizer Berufsbildung verschrieben hat. Dieses Bekenntnis des Autors zur Schweizer Berufsbildung war schliesslich vor rund 3 Jahren Ausgangspunkt für diese Publikation und das praxisorientierte Handbuch zur Unterstützung der zahlreichen Berufsbildner im Schweizer Berufsbildungssystem.

Für die Förderer dieser Publikation:

Christoph Rotermund
Geschäftsführer Swissavant – Wirtschaftsverband Handwerk und Haushalt

Wallisellen, im April 2017

Grenzüberschreitende Gedanken

Im Fürstentum Liechtenstein ist die duale Grundbildung direkt an die Berufsbildung in der Schweiz gekoppelt. Es gibt in unserem Land keine eigenen Berufsfachschulen und lediglich ein einziges Zentrum für überbetriebliche Kurse (üK). Unsere Interessen in Sachen Berufsbildung bringen wir direkt in Bern an. Im Land selbst setzen sich die verschiedenen Fachgruppen regional zu Gunsten der Berufsbildung ein. Die «Berufsbildung Liechtenstein» ist somit ein partnerschaftlicher Mitgestalter der «Berufsbildung Schweiz».

Seit gut 20 Jahren habe ich mich der «Passion der Berufsbildung» verschrieben und darf heute meine Erfahrung als Leiter des Bereichs «100pro! berufsbildung liechtenstein» bei der Wirtschaftskammer Liechtenstein einbringen. Im Rahmen meiner Tätigkeit nehme ich direkten Einfluss auf die regionale Berufsbildung. In meinem Alltag betreue ich mit meinem Team rund 160 Lernende in verschiedenen Berufen. Die Lernenden sind immer das zentrale Anliegen, die Berufsbildnerinnen und Berufsbildner als wichtigste Konstante in der Berufsbildung stehen jedoch stets im Fokus meiner täglichen Arbeit. Berufsbildungspersonen sind Vollzeit-Vorbilder, welche Ihre Liebe zum Beruf an Berufseinsteiger weitergeben und sehr viel Verantwortung tragen. Die jungen Menschen fachlich in den Beruf einzuführen ist dabei nur ein Teil seiner Arbeit. Ein hohes soziales Engagement, die grossen Herausforderungen der in der Pubertät (Adoleszenz) stehenden Jugendlichen zu begleiten sind nur tangierende Führungsaufgaben, welche jede Berufsbildungsperson nebst der fachlichen Vermittlung von Grundlagen wahrnimmt.

Gerne nutze ich diese einmalige Möglichkeit, hier darauf aufmerksam zu machen, dass Berufsbildnerin oder Berufsbildner zu sein eine echte Passion sein sollte. Diese Aufgabe kann und sollte man nicht an junge Berufsleute delegieren, welche frisch aus der Lehre gekommen sind, sondern an gestandene Fachkräfte, welche das nötige Rüstzeug für die zusätzlichen Aufgaben mitbringen.

Das essentielle Elixier dabei ist Freude und Begeisterung, welche von den Jugendlichen aufgenommen werden und wie ein heftiger Windstoss im Segel als Antrieb durch die Lehre dienen! Schlussendlich wichtige Schlüsselfaktoren für eine erfolgreiche Berufslehre und somit auch für den Ruf eines guten Lehrbetriebs.

«Alles was wir tun, sollten wir mit Freude tun». Diese Denkweise habe ich in den Büchern von Gregor Loser entdeckt. Weil sie uns gewissermassen verbindet, habe ich eine Zusammenarbeit angestrebt, die nunmehr seit zwei Jahren ergänzend und sehr erfolgreich läuft.

Es ist zentral, mit welcher Art wir an ein Thema herangehen. Gregor Loser bietet mit diesem Buch die Möglichkeit, die jungen Leute, Lehrmeister und Eltern am richtigen Ort abzuholen und zeigt auf, wo sich Berufsbildnerinnen und Berufsbildner trotz ihres Fachwissens anpassen können. Alle beteiligten Personen haben das gleiche Ziel: dem richtigen Lernenden den richtigen Beruf in einer passenden Firma zu zeigen und ihn zu einer erfolgreichen Fachkraft auszubilden.

Ivan Schurte, Schaan, «100pro! berufsbildung liechtenstein»
Wirtschaftskammer Liechtenstein

Eine ehrenvolle Aufgabe

Als Berufsbildnerin oder Berufsbildner haben Sie eine sehr ehrenvolle Aufgabe. Sie ist dann ehrenvoll, wenn Sie diese Aufgabe jeden Tag ganz bewusst und dankbar als solche betrachten. Mir persönlich war es eine grosse Ehre, dieses Buch schreiben zu dürfen.

Ich bin dankbar für all die Menschen, welche dieses Projekt ermöglicht haben. Allen voran Christian Fiechter, der Initiant dieses Buches, wundervoller Berater und Begleiter seit mehr als zehn Jahren. Weiterer Dank richtet sich an Christoph Rotermund und sein ganzes Team.

Speziell Danke sagen möchte ich hier auch meinem Lektorenteam Ivan Schurte, Frederik Stucki, Fabienne Loser, Alois Loser, Marion Kranz und Katja Hutter, dem Grafiker Stephan Cuber sowie Christian Wild, Gabriela Luthiger und allen Interviewten. Herzliches Dankeschön auch an Josef Widmer, Deborah Bärtsch, Dr. Ulrich Sturm, Dani Egger, Ivo Riedi, Roland Raemy, Adelheid Baur, Anton Capaul und Aiko von der Alteburg. Und ich danke Ihnen, die Sie dieses Buch in den Händen halten.

Sollte für Sie etwas nicht klar sein, haben Sie Fragen, Anregungen oder Erfahrungen aus Ihrer täglichen Arbeit, schreiben Sie an: info@denkfit.ch. Viel Freude beim Lesen, Ausprobieren und Umsetzen.

Gregor Loser
Rorschach, 24. April 2017